MEIN

NATUR Quiz

450 FRAGEN ZU TIEREN UND PFLANZEN

KOSMOS

Umschlaggestaltung von Sabine Reddig, Wöllstadt
Unter Verwendung von Fotografien von violetstar/stock.adobe.
com (Alpakas) und jordan/stock.adobe.com (Faultier)

Unser gesamtes lieferbares Programm und viele
Weitere Informationen zu unseren Büchern,
Spielen, Experimentierkästen, DVDs, Autoren und
Aktivitäten findest du unter **kosmos.de**

Gedruckt auf chlorfrei gebleichtem Papier

© 2020, Franckh-Kosmos Verlags-GmbH & Co. KG, Stuttgart
Alle Rechte vorbehalten
ISBN 978-3-440-16832-5
Text: Bärbel Oftring, Annemarie Chiappetta
Redaktion: Annemarie Chiappetta
Produktion: Verena Schmynec
Gestaltung und Satz: Julia Fuchs
Druck und Bindung: GGP Media GmbH, Pößneck
Printed in Germany / Imprimé en Allemagne

INHALT

SÄUGETIERE

Alpensteinbock

Der Alpensteinbock ist eine massig gebaute Gebirgsziege, die geschickt klettern und hervorragend springen kann.

1. Wie legen die Männchen im Sommer die Rangordnung fest?

a) Die Böcke bedrohen einander durch laute Schreie
b) Sie treten ihr Gegenüber mit den Hinterbeinen
c) Sie schlagen ihre Hörner ineinander

2. Wie durchsteigen Steinböcke senkrechte Felsspalten?

a) Sie springen
b) Sie gehen langsam und vorsichtig voran
c) Sie suchen sich einen Umweg

 Schon gewusst?

Der Alpensteinbock war durch intensive Bejagung schon fast ausgestorben. Gerade noch rechtzeitig wurde eine kleine Population gerettet.

Biber

*Der Biber ist der größte euro-
päische Nager. Er kommt nur
noch in wenigen Gegenden
in Fluss- und Seenähe vor.*

**3. Wie viel Zeit benötigt ein Biber,
um einen Baum mit einem Durchmesser
von 40 cm zu fällen?**

a) Eine Nacht

b) Zwei Tage

c) Eine Woche

4. Welche Farbe haben die Zähne des Bibers?

a) Weiß

b) Gelb

c) Orangerot

 Schon gewusst?

Zwischen April und Juni bringt die Bibermutter
in der Wohnhöhle zwei bis drei Junge zur Welt.
Sie haben schon Fell und können sehen.

9

Bisamratte

Bisamratten bauen ihre Wohn-röhren in Uferböschungen, Deichen und Dämmen. Der Eingang zu ihrem Bau liegt immer unter Wasser.

5. Aus welchem Erdteil wurde die Bisamratte 1905 nach Europa gebracht?

a) Aus Nordamerika

b) Aus Afrika

c) Aus Asien

6. Was befindet sich an den Zehen der Hinterfüße?

a) Schwimmhäute

b) Schwimmborsten

c) Nichts

 Schon gewusst?

Die Bisamratte kann leicht mit der Biberratte oder Nutria verwechselt werden. Allerdings haben diese orangefarbene Nagezähne, Schwimmhäute zwischen den Zehen der Hinterfüße, weiße Schnurrhaare und große Nasenlöcher.

Braunbär

*Europäische Braunbären sind
heute sehr selten geworden.
Sie leben nur noch in
wenigen Gebieten Europas.*

7. Wie schnell kann ein Braunbär laufen?

a)   20 km/h wie ein Radfahrer

b)   55 km/h wie ein Traktor auf der Straße

c)   100 km/h wie ein Auto

8. Wann kommen die Bärenjungen auf die Welt?

a)   Im Frühling

b)   Im Herbst

c)   Im Winter

 Schon gewusst?

Braunbären sind trotz ihres Raubtiergebisses Allesfresser.
Hauptsächlich ernähren sie sich allerdings von pflanzlicher
Nahrung wie Eicheln, Nüssen, Beeren und Gräsern.

Dachs

Dachse leben an Waldrändern mit dichtem Unterwuchs. Sie bevorzugen Laubwälder.

9. Aus wie vielen Mitgliedern besteht eine Dachsfamilie?

a) Aus 4 Mitgliedern
b) Aus 15 Mitgliedern
c) Aus 30 Mitgliedern

10. Wie viele Regenwürmer frisst ein Dachs in einem Jahr?

a) 750
b) 7 500
c) 15 000

 Schon gewusst?

In vielen Tierfabeln heißt der Dachs „Meister Grimbart", weil man glaubte, er sei ein Einzelgänger. Das stimmt nicht, denn haben sich ein Männchen und ein Weibchen gefunden, bleiben sie das ganze Leben lang zusammen.

Eichhörnchen

*Das Eichhörnchen kommt in allen
Wäldern vor und fühlt sich auch
in Parks und auf Friedhöfen wohl.*

11. Wie viel wiegt ein Eichhörnchen?

   a) So viel wie eine Tafel Schokolade

   b) So viel wie zwei Päckchen Butter

   c) So viel wie ein Päckchen Zucker

**12. Welche Farbe hat das Fell der Eichhörnchen,
die in Nadelwäldern leben?**

   a) Rotbraun

   b) Schwarz

   c) Hellgrau

 Schon gewusst?

Die markanten Ohrbüschel trägt das Eichhörnchen
nur im Winter. Man nennt sie Pinselohren.

Feldhase

Der Feldhase lebt auf Wiesen und Feldern, die ihm Möglichkeiten zum Verstecken geben.

13. **Wieso haben Hasenkinder in den ersten Lebenstagen keinen Eigengeruch?**

a) Als Schutz vor den eigenen Geschwistern

b) Als Schutz vor anderen Feldhasen

c) Als Schutz vor Fressfeinden

14. **Wo ruht sich der Feldhase aus?**

a) In einer Erdhöhle

b) In einer Mulde

c) In einem hohlen Baumstamm

 Schon gewusst?

Ein flüchtender Feldhase kann Geschwindigkeiten von bis zu 70 km/h erreichen.

Feldmaus

Feldmäuse leben auf Wiesen und Äckern. Die Tiere graben Löcher in die Erde und legen weitverzweigte Gänge an.

15. Warum können sich Feldmäuse sehr schnell vermehren?

a) Sie bekommen viele Jungen auf einmal
b) Sie gebären nach nur einer Woche Tragzeit
c) Feldmäuse können sich schon im Alter von drei Wochen fortpflanzen

16. Wie lang ist der Schwanz der Feldmaus?

a) 4 cm
b) 7 cm
c) 10 cm

 Schon gewusst?

Feldmäuse ernähren sich von Insekten, Feldfrüchten, Gräsern, Kräutern, Samen und Kernen. Wie auch bei allen anderen Nagetieren wachsen ihre Nagezähne ständig nach.

Fischotter

Der Fischotter lebt im Uferbereich von fischreichen Bächen und flachen Flüssen, Teichen und Seen.

17. Wie viele Haare wachsen auf einem Quadratzentimeter Fischotter-Haut?

a) Bis zu 10 000 Haare
b) Bis zu 50 000 Haare
c) Bis zu 80 000 Haare

18. Wie frisst der Fischotter kleinere Beutetiere?

a) Er legt sich im Wasser auf den Rücken
b) Er frisst sie unter Wasser, während er taucht
c) Er frisst sie an Land

 Schon gewusst?

Das Weibchen bringt in der Regel ein bis vier Junge zur Welt. Es begleitet sie 14 Monate lang und bringt ihnen in dieser Zeit bei, selbstständig zu jagen.

Gartenspitzmaus

*Die Gartenspitzmaus kommt
in Gärten, Parks, Heckenland-
schaften, in Brachland und
an Waldrändern vor.*

19. Wieso ist es für Spitzmäuse vorteilhafter,
in der Nacht auf Jagd zu gehen?

a) Sie sehen dann besser

b) Ihre Fressfeinde schlafen nachts

c) Ihre Beutetiere sind nachts unterwegs

20. Meistens werden Spitzmausjunge von der
Mutter mit dem Maul ins Nest zurückgetragen.
Welche Möglichkeit gibt es noch?

a) Sie bilden eine Karawane

b) Sie laufen dicht nebeneinander

c) Sie springen auf den Rücken der Mutter

 Schon gewusst?

Spitzmäuse gehören nicht zu den Nagern,

sondern zu den Insektenfressern. Deswegen

haben sie statt Nagezähnen viele spitze Zähne.

21. Wie viel Milch gibt eine Kuh am Tag?

a) 20 l
b) 30 l
c) 40 l

22. Warum fressen Katzen die Spitzmäuse, die sie fangen, häufig nicht auf?

a) Sie sind zu groß
b) Sie riechen unangenehm
c) Katzen sind nur am Fangen,
   nicht am Verzehr der Beute interessiert

23. Wie viel wiegt eine Hausmaus bei der Geburt?

a) 1 g
b) 5 g
c) 7 g

24. Was ist ein Maulesel?

a) Ein Nachkomme eines Esels und eines Pferds
b) Ein gefräßiger Esel
c) Ein kranker Esel

25. Woran erkennst du einen ängstlichen Hund?

a) Er klemmt seinen Schwanz ein
b) Er wedelt mit dem Schwanz
c) Er duckt sich auf den Boden

26. Von welchem Tier stammt das Hauskaninchen ab?

a) Vom Feldhasen
b) Vom Meerschweinchen
c) Vom Wildkaninchen

27. Was bedeutet es, wenn eine Katze einen Buckel macht?

a) Sie ist ängstlich
b) Sie will in Ruhe gelassen werden
c) Sie will spielen

28. Für wie viele Pullover reicht die Wolle eines einzigen Schafs?

a) Für 1 – 2 Pullover
b) Für 3 – 4 Pullover
c) Für 5 – 6 Pullover

29. Wie viele Schafe kann ein gelernter Schafscherer in einer Stunde scheren?

a) 5
b) 12
c) 16

30. Wozu wälzen sich Schweine im Sommer im Schlamm?

a) Zum Vergnügen
b) Um eine Tarnfarbe zu bekommen
c) Zur Abkühlung

Großer Abendsegler

Der Große Abendsegler jagt gerne über Felder, aber auch in Städten, auf Friedhöfen und in Parks.

31. Wie schnell kann der Große Abendsegler fliegen?

a) 30 km/h
b) 40 km/h
c) 50 km/h

32. Welche Strecke legt der Große Abendsegler zurück, um sein Winterquartier zu erreichen?

a) Bis zu 16 000 km
b) Bis zu 1 600 km
c) Bis zu 160 km

 Schon gewusst?

Wenn man genau hinhört, kann man die „Klick"-Laute der Abendsegler beim Jagen hören. Bei den meisten anderen Fledermausarten ist das nicht möglich.

Igel

Igeln kannst du im Garten begegnen, aber auch in lichten Wäldern und in offenen Landschaften mit Hecken und Gebüsch.

33. Welchen Überwinterungsplatz kannst du einem Igel im Garten anbieten?

a) Einen Sandhaufen

b) Ein Erdloch

c) Einen Laubhaufen

34. Wie überwältigt der Igel eine giftige Schlange?

a) Er attackiert sie pausenlos, bis sie ermüdet

b) Er überfällt die Schlange von hinten

c) Er rollt sich zu einer Kugel zusammen

 Schon gewusst?

Der Igel hat einen sehr guten Gehörsinn. Das Krabbeln eines Mistkäfers kann er aus fünf Meter Distanz hören!

Kegelrobbe

Die Kegelrobbe lebt vor allem im Nordatlantik. Kleine Vorkommen gibt es in der Nordsee, an der Ostsee sind sie selten.

35. Wie tief kann eine Kegelrobbe tauchen

a) 3 m
b) 30 m
c) 300 m

36. Wie schwer kann eine Kegelrobbe werden?

a) 130 kg
b) 220 kg
c) 310 kg

 Schon gewusst?

Die Jungen der Kegelrobben haben im Gegensatz zu Seehundbabys ein weiches, cremefarbenes Fell. Früher wurden sie deswegen häufig gejagt. Heutzutage ist dies verboten.

Luchs

Nachdem der Luchs fast ausgestorben war, ist er heutzutage wieder in der Schweiz und in Österreich anzutreffen.

37. Wo hat der Luchs sein Ruhelager?

a) In Höhlen und Felsspalten
b) In Bodenmulden
c) Auf Bäumen

38. Bis zu welcher Entfernung kann ein Luchs ein Geräusch wahrnehmen?

a) 500 m
b) 1 km
c) 1,5 km

 Schon gewusst?

Der Luchs frisst bei einer Mahlzeit bis zu 5 kg Fleisch und deckt damit seinen Bedarf für zwei Tage.

Maulwurf

Der Maulwurf verbringt sein Leben im unterirdischen Bau. Nur im Notfall kommt er an die Erdoberfläche.

39. Wie viele Meter weit gräbt sich ein Maulwurf täglich durch den Boden?

a) 10 m
b) 15 m
c) 20 m

40. Wozu baut ein Maulwurf einen Maulwurfshaufen?

a) Es sind die Ein- und Ausgänge zu seinem Bau
b) Er entsorgt so die bei den Grabarbeiten anfallende Erde
c) Es sind seine Kothaufen

 ?! **Schon gewusst?**

Ein erwachsener Maulwurf braucht täglich mindestens 20 Regenwürmer, um satt zu werden.

Mufflon

*Das Mufflon ist ein Wildschaf
und lebt im lichten Bergwald.
Es hält sich selten oberhalb
der Baumgrenze auf.*

41. **Wieso haben nicht alle Mufflons
eingedrehte Hörner?**

a) Nur die Männchen tragen die großen, eingedrehten Hörner

b) Nur die Weibchen tragen die großen, eingedrehten Hörner

c) Nur die Jungtiere tragen die großen, eingedrehten Hörner

42. **Welche Sinne sind beim Mufflon gut
ausgeprägt?**

a) Riechen und Schmecken

b) Riechen und Sehen

c) Riechen, Sehen, Hören

 Schon gewusst?

Mufflons sind sehr standorttreu. Haben sie ein Revier,
bleiben sie dort meist über mehrere Generationen hinweg.

Murmeltier

Murmeltiere leben auf sonnigen Bergwiesen in Höhen von bis zu 3000 Metern.

43. Murmeltiere fallen Bergwanderern meist durch ihre schrillen Pfiffe auf. Warum pfeifen die Tiere?

a) Um auf sich aufmerksam zu machen

b) Um andere Murmeltiere zu warnen

c) Um von ihrem Nachwuchs abzulenken

44. Mit welcher Beschäftigung verbringen die Tiere im Hochsommer die meiste Zeit?

a) Mit der Paarung

b) Mit dem Spielen mit Kameraden

c) Mit der Nahrungsaufnahme

 Schon gewusst?

Wenn sich ein männliches und ein weibliches Murmel-tier gefunden haben, bleiben sie das ganze Leben lang zusammen. Das nennt man „strikte Einehe".

Reh

Rehe leben gern in Mischwäldern, die neben dichten Sträuchern und Unterholz auch Lichtungen, Wiesen und Felder aufweisen.

45. Wozu ist das Hinterteil der Rehe auffallend weiß gefärbt?

a) Als Erkennungsmerkmal für ihre Jungen
b) Als Signal für Artgenossen bei der Flucht
c) Als Kennzeichen bei Nacht

46. Welche Besonderheit zeichnet das Rehkitz aus?

a) Es ist besonders gut getarnt
b) Es kann sich lautlos fortbewegen
c) Es verströmt keinen Geruch

 Schon gewusst?

Vor der Paarung jagt der Bock das Weibchen. Dann laufen beide zwei bis zehn Minuten lang im Kreis. Diese Spuren am Boden werden als „Hexenring" bezeichnet.

Rotfuchs

*Füchse leben in unterschied-
lichen Waldgebieten und in
Feldgehölzen. Aufgrund ihrer
Anpassungsfähigkeit findet man
sie aber auch in Großstädten.*

47. Wozu dient der lange Schwanz des Fuchses?

a) Als Fliegenklatsche
b) Als Stimmungsanzeiger
c) Als Winterdecke

48. Welche Augenfarbe haben junge Füchse?

a) Bernsteingelb
b) Blau
c) Grün

 Schon gewusst?

Füchse können ausgezeichnet riechen. Ihre Nase
ist mit rund 200 Millionen Riechzellen ausgestattet,
das sind über 130-mal mehr als beim Menschen.

Rothirsch

Rothirsche leben in Deutschland in großen Waldgebieten. Zum Fressen kommen sie auch auf Lichtungen und an Waldränder.

49. Wie viel wiegt ein Rothirsch?

a) 300 kg
b) 450 kg
c) 700 kg

50. In welcher Jahreszeit röhrt der Rothirsch?

a) Im Frühjahr
b) Im Sommer
c) Im Herbst

 Schon gewusst?

Außerhalb der Paarungszeit sind die Rothirschbullen Einzelgänger. Nur die Hirschkühe bleiben immer mit ihren Jungtieren zusammen in einem Rudel.

51. Wobei sind Schweine dem Menschen behilflich?

a) Bei der Suche nach Rauschgift
b) Bei der Suche nach Trüffelpilzen
c) Bei der Suche nach verschütteten Menschen

52. Was macht ein Hermelin, nachdem es ein Tier erbeutet hat?

a) Es frisst dieses auf der Stelle auf
b) Es trägt das Beutetier in sein Versteck
c) Es spielt Katz und Maus mit dem Beutetier

53. Wie viele Wanderratten leben in einem Rudel?

a) 100
b) 200
c) 300

54. Wie nennt der Jäger die Zeit, in der sich Füchse paaren?

a) Balzzeit
b) Laufzeit
c) Ranzzeit

55. Das Wievielfache ihres Körpergewichts frisst eine Zwergspitzmaus am Tag?

a) Das 1,5fache
b) Das 2fache
c) Das 2,5fache

56. Welches Tier ist mit dem Pferd verwandt?

a) Das Flusspferd
b) Das Nashorn
c) Der Elch

57. Welche Last können zwei Pferde ziehen?

a) Über 10000 kg
b) Über 20000 kg
c) Über 40000 kg

58. Welches ist das kleinste Säugetier Europas?

a) Die Zwergfledermaus
b) Das Zwergkaninchen
c) Die Zwergmaus

59. Warum fällt eine Fledermaus nicht herunter, wenn sie mit dem Kopf nach unten schläft?

a) Sie hat klebrige Füße
b) Sie hält sich mit Saugnäpfen fest
c) Ihre Zehen halten sie automatisch in Hängeposition

60. Was versteht man unter Wildwechsel?

a) Die Waldtiere laufen auf festen Pfaden durch den Wald
b) Die Waldtiere überqueren eine Straße
c) Die Waldtiere leben abwechselnd in verschiedenen Revieren

Schneehase

Schneehasen leben im Gebirge, vor allem in Höhen oberhalb von 1 000 Metern.

61. Welche Farbe besitzt das Fell des Schneehasen im Sommer?

a) Weiß
b) Graubraun
c) Braun

62. Wie schnell können Schneehasen rennen?

a) 60 km/h
b) 70 km/h
c) 80 km/h

 Schon gewusst?

Zwischen den Zehen der Hasen wachsen dichte Haare. Diese sollen zum einen dafür sorgen, dass der Schneehase keine kalten Füße bekommt, zum anderen verhindern sie das Einsinken des Hasen im Schnee.

Schweinswal

*Der Schweinswal ist die
einzige Walart, die vor
unseren Küsten lebt.*

63. Wie findet der Schweinswal seine Beute?

a) Durch Ultraschall
b) Durch Hören
c) Durch Riechen

64. Wie lang kann ein Schweinswal werden?

a) Bis zu 2,9 m
b) Bis zu 1,9 m
c) Bis zu 90 cm

 Schon gewusst?

Im Gegensatz zum Delfin hat der
Schweinswal eine rundliche Schnauze.
Eine dunkle Linie, die vom Mundwinkel bis
zur Vorderflosse verläuft, ist typisch für ihn.

Seehund

Seehunde sind weitverbreitet. Sie besiedeln die Küsten des Nordatlantiks und Nordpazifiks.

65. Wie schwer wird ein Seehund?

a) 50 kg
b) 100 kg
c) 200 kg

66. Wie lange können Seehunde unter Wasser bleiben?

a) 8 Minuten
b) 15 Minuten
c) 20 Minuten

 Schon gewusst?

Junge Seehunde nennt man wegen ihrer kläglichen Laute auch Heuler. Doch nur von der Mutter verlassene Junge geben heulende Suchlaute von sich.

Siebenschläfer

Siebenschläfer kommen häufig in Laub- und Laubmischwäldern vor, aber auch auf Streuobstwiesen, in Parks und Gärten.

67. Wie nutzt der Siebenschläfer seinen Schwanz?

a) Er deckt sich damit zu, wenn ihm kalt ist

b) Zum Klettern und Springen

c) Als Drohmittel gegen Feinde

68. Wie lange hält der Siebenschläfer Winterschlaf?

a) 7 Tage

b) 7 Wochen

c) 7 Monate

 Schon gewusst?

Der Siebenschläfer besiedelt neben Baumhöhlen auch gerne Dachböden. Solltest du in einer Dachgeschosswohnungen Getrappel und Geschrei über dir hören, dann könnte es ein Siebenschläfer sein.

Steinmarder

Früher lebte der Steinmarder in Felsenlandschaften. Heutzutage hat er sich Städte, Dörfer und Waldgebiete zum Lebensraum gemacht.

69. Wieso fürchten sich Autobesitzer vor Steinmardern?

a) Weil er Kot auf dem Auto hinterlässt
b) Weil er gerne Gummischläuche durchbeißt
c) Weil er sich auf dem Autodach schlafen legt

70. Welches besondere Verhalten kann man beim Steinmarder beobachten?

a) Er schließt ein Auge
b) Er schläft die meiste Zeit des Tages
c) Er macht Männchen

 Schon gewusst?

Steinmarder ruhen sich tagsüber in Scheunen und auf Dachböden aus. In der Dämmerung werden sie aktiv und huschen schnell und wendig die Straßen entlang.

Waschbär

Eigentlich hat der Waschbär sein Zuhause in Nordamerika. Inzwischen ist er aber auch in Mitteleuropa heimisch geworden.

71. Woher hat der Waschbär seinen Namen?

a) Er badet seine Jungen
b) Er wäscht sich täglich dreimal
c) Er putzt seine Nahrung

72. Wohin flüchtet sich der Waschbär, wenn er vor einem feindlichen Luchs, Wolf oder Hund flieht?

a) In den nächsten Bach
b) Auf einen Baum
c) In eine Höhle

 Schon gewusst?

Waschbären leben oft in Menschennähe um in deren Mülltonnen nach essbaren Abfällen zu suchen.

Wildkaninchen

Felder und Äcker sind der Lebens-
raum der Wildkaninchen. Dort legen
sie ihren weitverzweigten Bau an.

73. Wer gräbt die weitläufigen Kaninchenbaue?

a) Die Weibchen

b) Die Männchen

c) Die Jungtiere

74. Die kräftigsten und erfahrensten Männchen und Weibchen sind die Anführer einer Kaninchengruppe. Was sind ihre Pflichten?

a) Sie besorgen Futter für alle

b) Sie haben keine Pflichten

c) Sie beschützen den Bau und seine Bewohner

 Schon gewusst?

Kaninchen leben erst seit dem frühen Mittelalter bei uns, als sie durch den Menschen von Spanien aus hierher gelangten.

Wildschwein

Wildschweine leben in feuchten Laub- und Mischwäldern. Ihre Körper sind so geformt, dass sie durch das dichte Unterholz der Wälder hindurchbrechen können.

75. Wie heißen die Jungen von Wildschweinen?

a) Ferkel

b) Jünglinge

c) Frischlinge

76. Wie pflegen Wildschweine ihre Haut?

a) Sie reiben sich nach dem Wälzen im Schlamm an Baumstämmen

b) Sie beknabbern sich gegenseitig

c) Sie wälzen sich im Sand

 Schon gewusst?

Junge Frischlinge haben ein gestreiftes Fell. Im Dämmerlicht des Walds kann man sie so kaum sehen. Erst wenn sie älter werden, bekommen sie das struppige braune Fell der Alttiere.

Wolf

Der Wolf war lange Zeit bei uns ausgerottet. Mittlerweile kann er in vielen Regionen Europas wieder Fuß fassen.

77. Warum heulen Wölfe?

- a) Sie drücken damit Trauer aus
- b) Sie signalisieren damit, dass das Revier besetzt ist
- c) Sie heulen den Mond an

78. Was machen Wölfe vor der Jagd?

- a) Sie stupsen sich mit ihren Schnauzen an
- b) Sie scharen sich um das Leittier
- c) Sie wälzen sich im Kot anderer Tiere

 Schon gewusst?

Der Haushund stammt vom Wolf ab. Obwohl die Hunderassen so verschieden aussehen, ist der Wolf der alleinige Stammvater des Hunds.

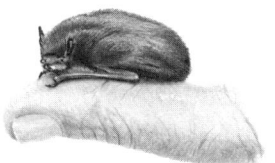

Zwergfledermaus

Die Zwergfledermaus jagt nachts auch durch Siedlungen und Städte. Dabei erbeutet sie ungefähr 3 400 Mücken.

79. Wie groß ist die **Flügelspannweite** der **Zwergfledermaus?**

a) Etwa 40 cm

b) Etwa 28 cm

c) Etwa 19 cm

80. Wie kann die **Zwergfledermaus** in **tiefster Dunkelheit Beutetiere ausmachen?**

a) Durch Echoortung

b) Durch extrem gutes Sehen

c) Durch Riechen

 Schon gewusst?

Zwergfledermäuse können bis zu 17 Jahre alt werden!

81. Wie sieht der Fußabdruck des Hirschs aus?

a) Es sind zwei lange Hufe
b) Es sind drei längliche Zehen
c) Es sind vier Zehen mit langen Krallen

82. Welches Tier wohnt manchmal auch noch in einem Dachsbau?

a) Das Kaninchen
b) Der Luchs
c) Der Fuchs

83. Wie findet das Wildschwein seine Nahrung?

a) Mit seinem Rüssel
b) Mit seinen Augen
c) Mit seinem Mund

84. Wie schwer ist ein Dachs, der im Frühjahr 12 kg wiegt, im Herbst?

a) 8 kg
b) 12 kg
c) 25 kg

85. Wie jagt ein Rotfuchs eine Maus?

a) Er gräbt sie aus
b) Er pirscht sich an sie heran
c) Er verfolgt sie

86. Wie lange können Elche unter Wasser bleiben?

a) Gar nicht
b) 1 Minute lang
c) 10 Minuten lang

87. Mit welchem Tier ist die Haselmaus verwandt?

a) Mit dem Siebenschläfer
b) Mit der Hausmaus
c) Mit der Spitzmaus

88. Warum springen Delfine aus dem Wasser?

a) Sie verwischen ihre Spuren für Haie, die sie verfolgen
b) Sie müssen über Wasser Luft holen
c) Sie schütteln so lästige Hautparasiten ab

89. Wie viel % Fett enthält Robbenmilch?

a) 4 % Fett
b) 20 % Fett
c) 40 % Fett

90. Warum gelten Bisamratten als Schädlinge?

a) Weil sie Uferbefestigungen untergraben
b) Weil sie den Fischern die Fische wegfressen
c) Weil sie Krankheiten übertragen

VÖGEL

Amsel

Einst war die Amsel ein scheuer Waldvogel, heute kommt sie überall in Gärten, Parks und Wäldern vor.

91. Welchen Namen trägt die Amsel noch?

a) Schwarzdrossel
b) Gelbschnabel
c) Schwarzkehlchen

92. Wie ruft die Amsel, wenn sie eine Katze entdeckt hat?

a) Krah-krah
b) Tschilp-tschilp
c) Tix-tix-tix

 Schon gewusst?

Das Amselmännchen trägt ein schwarzes Gefieder, das Weibchen ist braun. Typisch für beide sind der gelbe Schnabel und Augenring.

Austernfischer

Der Austernfischer lebt an der
Küste, wo er durch seine lauten
„Kliep-kliep"-Rufe auffällt.

93. Wovon ernährt sich der Austernfischer?

a) Von Muscheln
b) Von Algen
c) Von Fischen

94. Was beeinflusst den Tagesablauf des Austernfischers am meisten?

a) Tag und Nacht
b) Ebbe und Flut
c) Wind und Windstille

 Schon gewusst?

Vor allem in der Brutzeit sind Austernfischer sehr
angriffslustig: Sie vertreiben aggressiv jeden
Menschen oder Vogel, der sich dem Nest nähern will.

Blaumeise

Mit dem blau-gelben Federkleid gehört die kleine Blaumeise zu den hübschesten Singvögeln, die im Garten vorkommen.

95. Wie viele Eier legt die Blaumeise in ihr Nest?

a) Bis zu 5
b) Bis zu 13
c) Bis zu 25

96. Welche Sportart führt die Blaumeise täglich aus?

a) Turnen
b) Gewichtheben
c) Rodeln

 Schon gewusst?

Blaumeisen besuchen gern Futterstellen, picken Futter am Meisenknödel und nehmen Nistkästen zum Brüten an.

Buchfink

*Der Buchfink gehört in Deutschland
zu den häufigsten Vogelarten. Er
lebt überall dort, wo Bäume stehen.*

**97. Welcher Popstar heißt so
wie der Ruf des Buchfinks?**

a) Rihanna

b) Adele

c) Pink

98. Wo baut der Buchfink sein Nest?

a) In einer Baumhöhle

b) Auf einer Astgabel

c) In eine Felsennische

  **Schon gewusst?**

Der Buchfink hält sich meist in Baumkronen auf. Nur bei der
Suche nach Samen und Insekten landet er auf dem Boden.

Buntspecht

Der Buntspecht ist der häufigste heimische Specht. Er kommt in allen Wäldern, Parks und Feldgehölzen vor, wo Bäume stehen.

99. Als welches Werkzeug dient der Schnabel des Buntspechts?

a) Als Bohrer
b) Als Hammer
c) Als Säge

100. Wie lockt der Buntspecht ein Weibchen an?

a) Durch fröhlichen Gesang
b) Durch akrobatische Flugkünste
c) Durch lautes Trommeln

 Schon gewusst?

Wenn die Küken in der Baumhöhle geschlüpft sind, rufen sie den ganzen Tag über laut nach den Eltern. Dadurch hörst du von Weitem, wo sich eine Spechthöhle befindet.

Eichelhäher

Der farbenprächtige Eichelhäher kommt im Herbst und Winter aus den Wäldern, um sich auch in Parks und Gärten aufzuhalten.

101. **Warum wird der Eichelhäher „Polizist des Walds" genannt?**

a) Weil er stets gut aufpasst
b) Weil er eine blaue Uniform trägt
c) Weil er scharf schießen kann

102. **Warum wird der Eichelhäher auch „Gärtner des Walds" genannt?**

a) Weil er Blumen gießt
b) Weil er Sträucher schneidet
c) Weil er Bäume pflanzt

 Schon gewusst?

In der kalten Jahreszeit schließen sich mehrere Eichelhäher zu einem Trupp zusammen, der gemeinsam umherzieht.

Elster

Die Elster kommt nicht nur in Feldlandschaften vor, sondern auch in Städten. Dort plündert sie Mülleimer und Komposthaufen.

103. Was ist das Besondere am Gefieder der Elster?

- a) Es glänzt wie Metall
- b) Es ermöglicht einen lautlosen Flug
- c) Es riecht wie Honig

104. Was ist das Besondere am Nest der Elster?

- a) Es liegt tief unter der Erde
- b) Es besitzt ein Regendach
- c) Es besteht aus Halmen und Spinnweben

 Schon gewusst?

Elstern gelten als diebisch, denn sie klauen auch Eier aus Vogelnestern. Doch das tun nicht nur sie, sondern auch viele andere Vögel sowie Eichhörnchen und Marder.

Gänsegeier

In den Alpen und im südlichen Europa leben die Gänsegeier, die sich nur vom Aas großer Tiere ernähren.

105. Wie weit entfernen sich Gänsegeier auf der Suche nach Nahrung vom Nest?

a) Bis zu 5 km

b) Bis zu 30 km

c) Bis zu 60 km

106. Welche Tiere vertreiben Gänsegeier vom Aas und fressen zuerst?

a) Eisbären

b) Wölfe

c) Mäusebussarde

 Schon gewusst?

Anders als Adler, Bussarde und Falken besitzen Geier keine scharfen Krallen an den Zehen, denn sie töten keine lebende Beute.

Graugans

Die Graugans ist die größte Gans bei uns – sie kommt auch an Teichen und Seen in städtischen Parkanlagen vor.

107. Welche Flugformation bilden Graugänse am Himmel?

a) Ein großes S
b) Ein großes V
c) Ein langes I

108. Womit polstern Graugänse das Nest aus, damit es die Eier und Küken warm haben?

a) Mit feinem Moos
b) Mit Daunenfedern
c) Mit feuchtem Lehm

 Schon gewusst?

Die weißen Hausgänse stammen von der wilden Graugans ab. Graugänse leben wie Menschen in einer Familie aus Eltern und ihren Küken.

Graureiher

Bei der Jagd im Wasser, auf Wiesen und Feldern lauert der Graureiher regungslos auf Fische, Frösche, Würmer und Mäuse.

109. **Wo baut der Graureiher sein großes Nest?**

a) Im dichten Ufergestrüpp

b) Auf einer schwimmenden Grasinsel

c) In einer hohen Baumkrone

110. **Woran erkennst du ganz leicht einen Graureiher im Flug?**

a) Am s-förmig gebogenen Hals

b) Am lauten Flugruf „Kliö"

c) An den v-förmig gebogenen Flügeln

 Schon gewusst?

Der Graureiher ist bei vielen Gartenteichbesitzern unbeliebt, weil er auch Gold- und andere Zierfische erbeutet.

111. In welchem Alter lernt eine Kohlmeise fliegen?

a) Mit 10 Tagen
b) Mit 20 Tagen
c) Mit 4 Wochen

112. Wie oft am Tag trommelt ein Buntspecht?

a) Bis zu 600 Mal
b) Bis zu 400 Mal
c) Bis zu 200 Mal

113. Welche Vogelstimme erklingt morgens als erste?

a) Die der Nachtigall
b) Die des Hausrotschwanzes
c) Die der Kohlmeise

114. Welche Besonderheit zeichnet das Nest der Rabenkrähe aus?

a) Es besteht nur aus weichen Federn
b) Es hat ein Dach aus Zweigen
c) Es ist voller glitzernder Schmuckstücke

115. Welche Geräusche ahmt der Star mit seinem Gesang täuschend echt nach?

a) Menschliche Sprache
b) Fließendes Wasser
c) Froschgequake

116. Mit welchem Vogel verwechseln Kleinvögel die Türkentaube?

a) Mit der Elster
b) Mit dem Sperber
c) Mit der Eule

117. Wie verbringt der Zaunkönig den Winter?

a) Er schläft an kalten Tagen zusammen
   mit vielen seiner Artgenossen im Nest
b) Er zieht im Herbst gen Süden
c) Er fliegt ununterbrochen, um sich warm zu halten

118. Mit welcher List fangen Amseln Regenwürmer?

a) Sie lauern ihnen am Eingang ihrer Erdhöhlen auf
b) Sie locken die Würmer mit ihrem Gesang an
c) Sie trippeln auf dem Boden umher

119. Wie oft am Tag schmettert das Buchfink-Männchen seinen Gesang?

a) 500 Mal
b) 2 000 Mal
c) 4 500 Mal

120. Wie kommt der Buchfink zu seinem Namen?

a) Er frisst gerne Bucheckern
b) Er baut nur in Buchen sein Nest
c) Ein Buchfink soll einmal Löcher in das Buch
   eines berühmten Biologen gepickt haben

Höckerschwan

Der Höckerschwan ist der größte und schwerste Wasservogel, den es bei uns gibt.

121. Wie viel wiegt ein Höckerschwan?

a) Bis zu 7 kg
b) Bis zu 15 kg
c) Bis zu 30 kg

122. Wovon ernährt sich der Höckerschwan?

a) Von kleinen Krebstieren
b) Von Fischen
c) Von Wasserpflanzen

 Schon gewusst?

Zum Starten brauchen Höckerschwäne einen langen Anlauf und rennen flügelschlagend über die Wasseroberfläche.

Kleiber

*Wie Meisen brütet der
kleine Kleiber mit dem
blaugrauen Rücken auch in
Baumhöhlen und Nistkästen.*

**123. Was macht der Kleiber mit dem
Eingang zu seiner Bruthöhle?**

a) Er vergrößert ihn

b) Er verkleinert ihn

c) Er versperrt ihn mit einem Tor

124. Wovon ernährt sich der Kleiber?

a) Von Insekten

b) Von Beeren

c) Von Mäusen

 Schon gewusst?

Der Kleiber ist der einzige Vogel
bei uns, der den Baumstamm auch
kopfunter hinunterklettern kann.

Kormoran

Der gesellige Kormoran kommt an Seen, Teichen, Flüssen und an der Küste vor.

125. Auf welche Weise fischt der Kormoran?

a) Er ist ein Unterwasserjäger
b) Er ist ein Stoßtaucher
c) Er ist ein Netzfischer

126. Was ist das Besondere am Gefieder des Kormorans?

a) Es ist sehr fetthaltig
b) Es ist ungefettet
c) Es enthält sehr viel Luft

 Schon gewusst?

Nach jedem Tauchgang muss der Kormoran sein Gefieder trocknen. Dazu breitet er seine Flügel aus.

Kranich

Auf ihren Wanderungen zwischen Brut- und Winterquartier rasten die Kraniche auf den Wiesen und Feldern im nordöstlichen Deutschland.

127. Wie klingen die Rufe des Kranichs?

a) Wie eine quietschende Schaukel

b) Wie eine helle Flöte

c) Wie eine Trompete

128. Wann führen die Kraniche beeindruckende Tänze mit Sprüngen und Verbeugungen auf?

a) Nur bei der Balz

b) Morgens bei Sonnenaufgang

c) Vor der Reise ins Winterquartier

 Schon gewusst?

Kraniche brüten in moorigen Gebieten Nordeuropas und Russlands, den Winter verbringen sie in Spanien und Portugal.

Kuckuck

Den Kuckuck kennt jedes Kind,
denn er ruft seinen Namen.

129. Was macht der Kuckuck?

a) Er klaut wie ein Dieb fremde Vogeleier
b) Er legt seine Eier in fremde Nester
c) Er brütet fremde Eier aus

130. Woran erinnert ein fliegender Kuckuck?

a) An einen Sperber
b) An einen Papagei
c) An einen Geier

 Schon gewusst?

Der Kuckuck ist nur im Sommer bei uns, im Herbst zieht
er nach Afrika, südlich der Sahara. Er frisst auch behaarte
Raupen, die von anderen Vögeln gemieden werden.

Mäusebussard

Der Mäusebussard ist bei uns der häufigste Greifvogel. Er kreist gern über Wiesen und Feldern.

131. Wie ruft der Mäusebussard?
- a) Wie eine schreiende Katze
- b) Wie ein blökendes Schaf
- c) Wie ein bellender Hund

132. Aus welcher Höhe kann der Mäusebussard eine kleine Maus entdecken?
- a) Aus 50 m Höhe
- b) Aus 200 m Höhe
- c) Aus 350 m Höhe

 Schon gewusst?

Der Mäusebussard ernährt sich nicht nur von Mäusen, sondern auch von Vögeln, Schlangen, Fröschen und sogar Regenwürmern.

Neuntöter

Dornbuschreiche Wald- und Feldränder sind der Lebensraum des kleinen Neuntöters.

133. Wo bewahrt der Neuntöter erbeutete Käfer, Heuschrecken und Falter auf?

a) In einem selbst gegrabenen Erdloch
b) Auf Dornen aufgespießt
c) In seinem Nest

134. Mit welcher Geschwindigkeit fliegt der Neuntöter bei seiner Wanderung nach Südafrika?

a) Mit bis zu 40 km/h pro Stunde
b) Mit bis zu 75 km/h pro Stunde
c) Mit bis zu 120 km/h pro Stunde

 Schon gewusst?

Früher glaubten die Menschen unsinnigerweise, dass der Neuntöter erst neun Beutetiere aufspieße, bevor er sie fressen würde – so kam er zu seinem Namen.

Rabenkrähe

*Westlich der Elbe kommt
die schwarze Rabenkrähe,
östlich der Elbe die gleich
große, aber grauschwarz
gefärbte Nebelkrähe vor.*

135. Wie groß ist eine Rabenkrähe?

a) Kleiner als eine Amsel
b) Größer als eine Straßentaube
c) Größer als ein Mäusebussard

136. Welchen Ort nutzen Rabenkrähen, um harte Walnussschalen zu öffnen?

a) Kiesflächen im Vorgarten
b) Steinmauern
c) Straßenkreuzungen mit Ampel

 Schon gewusst?

Rabenkrähen sind sehr intelligente Vögel.
Abends versammeln sie sich in großen
Scharen auf bestimmten Schlafbäumen.

Rauchschwalbe

Die Rauchschwalbe brütet in den Ställen von Rindern und Schweinen.

137. Aus welchem Material baut die Rauchschwalbe ihr Nest?

a) Aus feuchtem Lehm

b) Aus kurzen Zweigen

c) Aus langen Halmen

138. Welches Sprichwort gibt es tatsächlich?

a) Eine Schwalbe macht noch keinen Sommer

b) Schwalbe gut, alles gut

c) Viele Schwalben verderben den Brei

 Schon gewusst?

Die Rauchschwalben verbringen den Winter im südlichen Afrika, im April kehren sie zu uns zurück.

Rotkehlchen

*An der roten Kehle, Stirn
und Brust sowie den großen
Augen erkennst du leicht
das hübsche Rotkehlchen.*

139. Wie verhält sich das Rotkehlchen,
wenn sich ihm ein anderes Rotkehlchen nähert?

a) Freundlich
b) Traurig
c) Aggressiv

140. Was mag das Rotkehlchen ganz besonders?

a) Giftige Früchte
b) Weiße Schokolade
c) Stinkenden Hundekot

 Schon gewusst?

Den wunderschönen melodischen Gesang des
Rotkehlchens kannst du fast das ganze Jahr über hören,
sogar im Winter im Schein von Straßenlaternen.

141. Welches Jagdverhalten zeigt ein Turmfalke?

a) Er steht wie ein Hubschrauber in der Luft
b) Er lauert auf Bäumen
c) Er hüpft auf dem Boden

142. Wo verbringen Mauersegler die Nacht?

a) In ihrem Nest
b) In der Luft
c) In einem Unterschlupf am Boden

143. Wie viele Stadttauben leben insgesamt auf der Welt?

a) 200 Millionen
b) 500 Millionen
c) 800 Millionen

144. Warum gibt es nicht noch mehr Tauben in den Städten, wo sie genügend Futter finden?

a) Weil sie an vielen Krankheiten leiden
b) Weil sie nicht genügend Nistplätze finden
c) Weil sie von Katzen gefressen werden

145. Weshalb kräht ein Hahn mit den ersten Sonnenstrahlen?

a) Um sein Revier abzugrenzen
b) Um seine Henne zu wecken
c) Um den Tag zu begrüßen

146. Wie lange brütet eine Henne ihre Eier aus?

a) 3 Wochen lang
b) 5 Wochen lang
c) 7 Wochen lang

147. Wie schwer ist das Ei einer Gans?

a) 80 g
b) 150 g
c) 200 g

148. Wo verbringen Rauchschwalben den Winter?

a) In Spanien
b) Im Süden Afrikas
c) In Griechenland

149. Wie trinken Rauchschwalben?

a) Im Flug
b) Im Stehen
c) Im Liegen

150. Wie kommt der Weißstorch an seine Nahrung?

a) Er schnappt seine Beute im Sturzflug
b) Er läuft pflügenden Traktoren nach
c) Er taucht nach Fröschen

Schleiereule

Die Schleiereule nistet in Scheunen und Dachstühlen. Wenn sie auf den Wiesen Mäuse jagt, erinnert sie an ein Gespenst.

151. Was kann die Schleiereule?

a) Lautlos fliegen
b) Monatelang fasten
c) Tief tauchen

152. Was macht die Schleiereule, wenn es wenig Mäuse gibt?

a) Sie frisst Regenwürmer
b) Sie brütet nicht
c) Sie besucht Futterstellen

 Schon gewusst?

Da viele Scheunen und Dachstühle vergittert und verschlossen werden, gibt es bei uns immer weniger Schleiereulen. Darum bringen manche Menschen spezielle Nistkästen für sie an.

Seeadler

*Der Seeadler kommt bei uns
vor allem an der Ostseeküste vor.*

**153. Wie erbeutet der Seeadler
einen Fisch im Wasser?**

a) Mit dem Schnabel
b) Mit den Flügeln
c) Mit den Krallen

**154. Wie schwer ist der Seeadler mit einer Flügel-
spannweite von bis zu 244 cm?**

a) Bis zu 6,90 kg
b) Bis zu 15,7 kg
c) Bis zu 25,3 kg

 Schon gewusst?

Der Seeadler ist nah mit dem nordamerikanischen
Weißkopfseeadler verwandt. Die beiden Arten
unterscheiden sich vor allem durch das weiße
Gefieder am Kopf des Amerikaners.

Silbermöwe

Die Silbermöwe ist bei uns die häufigste Möwe an den Küsten der Nord- und Ostsee.

155. Welche Farbe hat der Fleck auf dem gelben Schnabel?

a) Weiß

b) Rot

c) Blau

156. Woran erkennst du eine junge Silbermöwe?

a) An dem großen Kopf

b) An den riesigen Augen

c) Am braun-weißen Gefieder

 Schon gewusst?

In den Küstenorten und Häfen werden Silbermöwen oft lästig, denn sie klauen Eiswaffeln und andere Leckerbissen direkt aus den Händen von Kindern und Erwachsenen.

Star

Zweimal im Jahr wechselt der Star sein Gefieder: In der Brutzeit ist er schillernd schwarz, das restliche Jahr über weiß gefleckt.

157. Worin ist der Star ein Star?

- a) Er ahmt Stimmen nach
- b) Er benutzt Werkzeuge
- c) Er trommelt perfekt

158. Warum ist der Star bei vielen Menschen unbeliebt?

- a) Weil er die Trauben in Weinbergen wegfrisst
- b) Weil er Krankheiten überträgt
- c) Weil er nachts laut singt

 Schon gewusst?

Der Star hüpft nicht über den Rasen wie eine Amsel, sondern er schreitet. Zudem kommt der gesellige Vogel selten allein.

Straßentaube

Straßentauben besiedeln Marktplätze und Bahnhöfe in allen Städten der Erde in großen Scharen.

159. In welchem südeuropäischen Lebensraum kamen Straßentauben ursprünglich vor?

a) In felsigen Gebieten
b) In Steineichenwäldern
c) In Dünengegenden

160. Womit füttern Tauben ihre Küken?

a) Mit kleinen Insekten
b) Mit Haferbrei
c) Mit Kropfmilch

 Schon gewusst?

Wanderfalken sind die größten Feinde der Straßentauben – diese Greifvögel waren einst fast verschwunden, heute jagen sie in vielen Städten Tauben.

Turmfalke

*Der Turmfalke ist ein kleiner
Greifvogel, der auf Wiesen,
Feldern und Grünstreifen
am Straßenrand Mäuse jagt.*

161. Was macht der Turmfalke, wenn er rüttelt?

a) Er bringt einen Ast zum Schwingen

b) Er steht wie ein Hubschrauber still in der Luft

c) Er schüttelt kräftig sein Gefieder

162. Wo baut der Turmfalke gern sein Nest?

a) In den Kirchturm

b) Im Kuhstall

c) Unter einer Brücke

 Schon gewusst?

Hat der Turmfalke eine Maus entdeckt,

stürzt er sich im Flug senkrecht hinab.

Täglich erbeutet er rund zwei Mäuse.

Uhu

Dank dem Einsatz von vielen Naturschützern gibt es heute wieder zahlreiche Uhus bei uns.

163. Welchen Weltrekord hält der Uhu?

a) Er ist der schwerste Vogel der Erde
b) Er ist die größte Eule der Erde
c) Er ist die am weitesten verbreitete Eule der Erde

164. Welche Beute kann der Uhu nicht überwältigen?

a) Murmeltiere
b) Rehe
c) Habichte

Schon gewusst?

Der Uhu bewohnt Waldgebiete und bergige Landschaften, in denen es steile Felswände gibt. Dort baut er sein unzugängliches Nest.

Weißstorch

*Der Weißstorch baut sein wagen-
radgroßes Nest auf den Dächern
von Häusern und Kirchen.*

165. Wie begrüßt der Weißstorch seinen Partner?

a) Er küsst ihn
b) Er klappert mit dem Schnabel
c) Er singt ihm ein Lied

166. Wo verbringt der Weißstorch den Winter?

a) In England
b) In Indien
c) In Südafrika

 Schon gewusst?

Früher hat der Weißstorch sich vor allem
von Fröschen ernährt, heute sucht er
Mäuse und Insekten auf den Wiesen.

Winter-
goldhähnchen

Mit einem Gewicht von nur fünf Gramm ist das Wintergoldhähnchen der kleinste Vogel Europas.

167. Wo hält sich das Wintergoldhähnchen meist auf?

a) Am feuchten Bachufer

b) In steilen Felswänden

c) In hohen Nadelbäumen

168. Wie groß ist das Ei des Wintergoldhähnchens?

a) So groß wie eine Erbse

b) So groß wie eine Bohne

c) So groß wie eine Kastanie

 Schon gewusst?

Im Winter kannst du das Wintergoldhähnchen auch am Futterhäuschen beobachten.

Zaunkönig

Wie eine kleine Maus huscht der Zaunkönig im Garten, Park und Wald durchs Gebüsch.

169. Wie viel wiegt ein Zaunkönig?

- a) 10 g
- b) 20 g
- c) 50 g

170. Wo erbeutet der Zaunkönig kleine Insekten?

- a) In den Baumkronen
- b) In der Luft
- c) Am Boden

 Schon gewusst?

Der winzige Zaunkönig hat für seine geringe Größe eine sehr laute Stimme: Sein Gesang ist so laut wie eine Bohrmaschine.

171. Wie findet eine Brieftaube ihren Weg nach Hause?

a) Sie nimmt das Magnetfeld der Erde zu Hilfe

b) Sie orientiert sich an der Landschaft

c) Sie richtet sich nach der Sonne

172. Welcher große Vogel fängt auf den Wiesen die Mäuse, seit Störche seltener geworden sind?

a) Der Graureiher

b) Der Pelikan

c) Der Kranich

173. Welchen Rekord hält der Wellensittich?

a) Er kann am besten Stimmen nachahmen

b) Er ist der meistgezüchtete Vogel

c) Er hat die buntesten Federn

174. Warum bekommen Spechte beim Klopfen keine Kopfschmerzen?

a) Ihr Schnabel ist durch eine Art Feder mit dem Schädel verbunden

b) Ihr Gehirn befindet sich im Rückenmark

c) In ihrer Nahrung sind Stoffe enthalten, die Kopfschmerzen lindern

175. Welchen Abstand halten zwei Schwalben ein, die auf einer Stromleitung sitzen?

a) Eine Schnabellänge

b) Eine Körperlänge

c) Eine Flügellänge

176. Welcher Vogel, der heute in jedem Garten lebt, war früher ein Waldbewohner?

a) Das Rotkehlchen
b) Die Kohlmeise
c) Die Amsel

177. Wie findet der Buntspecht seine Beute?

a) Er klopft gegen einen Baumstamm
b) Er erspäht sie mit seinen ausgezeichneten Augen
c) Er riecht sie aus großer Entfernung

178. Wie übersteht der Eichelhäher unseren Winter?

a) Er verschläft ihn in seiner Baumhöhle
b) Er ernährt sich von seinen gesammelten Vorräten
c) Er frisst andere Vögel

179. Welche Flügelform haben Vögel, die im Wald leben?

a) Kurze Flügel
b) Lange Flügel
c) Kräftige Flügel

180. Was unterscheidet den Grünspecht von anderen Spechten?

a) Er sucht seine Nahrung überwiegend am Boden
b) Er zieht seine Jungen in einem Kugelnest auf
c) Er singt melodisch von einem hohen Baum

INSEKTEN &
SPINNENTIERE

Blaugrüne Mosaikjungfer

Die Blaugrüne Mosaikjungfer schießt auf der Jagd nach Insekten pfeilschnell durch die Luft.

181. Mit welchem Fluggerät kann man die Flugweise der Libellen vergleichen?

a) Mit einem Düsenjet
b) Mit einem Zeppelin
c) Mit einem Hubschrauber

182. Aus wie vielen winzigen Einzelaugen können die großen Augen der Blaugrünen Mosaikjungfer zusammengesetzt sein?

a) Aus bis zu 30 000 Einzelaugen
b) Aus rund 5 000
c) Aus höchstens 100

 Schon gewusst?

Die Larven der Blaugrünen Mosaikjungfer leben mehrere Jahre lang am Grund von Gewässern. Sie sind gefährliche Räuber von Kaulquappen, Wasserinsekten und kleinen Fischen

Eintagsfliege

*Die wie Urtiere gebauten
Eintagsfliegen mit zwei oder
drei sehr langen, dünnen
Schwanzfäden kommen in
der Nähe von Gewässern vor.*

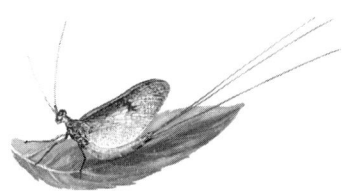

183. Welcher Satz über Eintagsfliegen ist richtig?

a) Sie leben allerhöchstens einen Tag lang

b) Sie leben bis zu 4 Tage lang

c) Sie leben sogar über einen Monat lang

184. Wo leben die Larven der Eintagsfliegen?

a) Am Gewässergrund

b) In morschem Holz

c) Auf Blättern von Büschen

 Schon gewusst?

Die Larven leben mindestens zwei Jahre lang, die
erwachsenen Eintagsfliegen hingegen nur so lange,
bis sie sich gepaart und Eier gelegt haben. Erwachsene
Eintagsfliegen nehmen keine Nahrung mehr zu sich.

Essigfliege

*Die nur wenige Millimeter große
Essigfliege erkennst du an den
großen, leuchtend roten Augen.*

185. Wo kommt die Essigfliege häufig vor?

a) Auf faulem Obst
b) Auf Kuhfladen
c) Auf weißen Doldenblüten

186. Wie viele Eier kann ein Weibchen auf einmal legen?

a) Rund 60 Eier
b) Etwa 240 Eier
c) Bis zu 400 Eier

 ### Schon gewusst?

Die Essigfliege *Drosophila* gehört zu den
am besten untersuchten Lebewesen der Erde,
da sie ein beliebtes Labor- und Futtertier ist.

Glühwürmchen

Im Juni und Juli kannst du bei
Dunkelheit auf feuchten Wiesen
und am Waldrand die leuchten-
den Glühwürmchen entdecken.

187. Zu welcher Gruppe von Tieren
gehört das Glühwürmchen?

a) Zu den Würmern

b) Zu den Asseln

c) Zu den Käfern

188. Was können die Glühwürmchen-Weibchen nicht?

a) Fliegen

b) Leuchten

c) Fressen

 Schon gewusst?

Das kalte Licht der Glühwürmchen wird in
speziellen Leuchtorganen erzeugt, die beim
Blinken ein- und ausgeschaltet werden.

Goldlaufkäfer

Der grün und gold glänzende Goldlaufkäfer jagt am Boden, aber auch im Geäst der Bäume verschiedene Beutetiere.

189. Wie lang ist der **Goldlaufkäfer?**

  a) Nur 1,5 cm

  b) Bis zu 3 cm

  c) Über 6 cm

190. Warum ist der **Goldlaufkäfer im Garten ein gern gesehener Gast?**

  a) Weil er gut duftet

  b) Weil er Blüten bestäubt

  c) Weil er Schnecken erbeutet

 Schon gewusst?

Wenn sich ein Goldlaufkäfer bedroht fühlt, bespritzt er seinen Gegner oder Feind mit ätzenden Verdauungssäften und Sekreten aus dem Hinterleib.

Grünes Heupferd

Das Grüne Heupferd mit den langen, sehr kräftigen Sprungbeinen ist die größte heimische Heuschreckenart.

191. Welches „Musikinstrument" beherrscht das Grüne Heupferd beim Zirpen?

a) Trommel
b) Geige
c) Flöte

192. Wo sitzen die Ohren beim Grünen Heupferd?

a) Seitlich am Kopf
b) Auf den Vorderbeinen
c) Am Hinterleib

 Schon gewusst?

Die Weibchen besitzen am Ende ihres Hinterleibs einen langen Legebohrer, mit dem sie die Eier in den Erdboden legen.

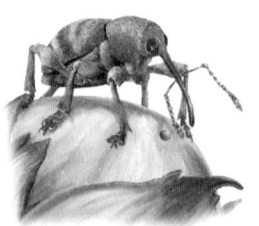

Haselnussbohrer

Überall, wo Haselnussbüsche wachsen, kommt der kleine, hellbraune Haselnussbohrer vor.

193. Wer lebt im Innern der Haselnuss?

a) Die Larve des Haselnussbohrers
b) Das Weibchen des Haselnussbohrers
c) Das Männchen des Haselnussbohrers

194. Womit bohrt der Haselnussbohrer Löcher in Nussschalen?

a) Mit scharfen Zähnen
b) Mit einem Legebohrer
c) Mit dem Rüssel

 ### Schon gewusst?

Die Larve des Haselnussbohrers ernährt sich von der Nuss im Innern der Schale. Wenn sie satt ist, verlässt sie die Nussschale durch ein kleines Loch.

Hausspinne

Die schwarze Hausspinne mit den langen, haarigen Beinen ist die größte Spinnenart, die es bei uns gibt.

195. An welchem Ort kannst du häufig eine hilflose Hausspinne finden?

a) Im eigenen Radnetz
b) Im Netz einer anderen Spinne
c) In der Badewanne

196. Wie alt wird eine Hausspinne?

a) Höchstens 2 Jahre
b) Bis zu 7 Jahre
c) Über 15 Jahre

 Schon gewusst?

Hausspinnen bauen in Kellerecken dichte Trichternetze, in denen sie auf Asseln und andere kleine Beutetiere lauern.

Hirschkäfer

Wegen des geweihähnlichen Unterkiefers der Männchen kam der Hirschkäfer zu seinem Namen.

197. Welchen Rekord hält der Hirschkäfer?

a) Er ist der kleinste Käfer Europas
b) Er ist der größte Käfer Europas
c) Er ist der größte Käfer der Erde

198. Wie lange entwickelt sich die Larve des Hirschkäfers in morschem Eichenholz?

a) Bis zu 8 Wochen
b) Bis zu 8 Monate
c) Bis zu 8 Jahre

 Schon gewusst?

Der Hirschkäfer setzt sein „Geweih" beim Kampf um die Weibchen ein – er versucht damit, seinen Gegner vom Ast zu stoßen.

Hornisse

*Die Hornisse ist die größte
unter den gelb-schwarz gefärbten
Wespenarten, die bei uns leben.*

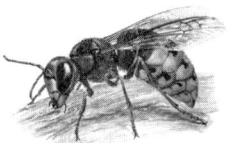

199. **Wie lang wird eine Hornissenkönigin?**

- a) Ungefähr 2 cm
- b) Bis zu 3,5 cm
- c) Über 7 cm

200. **Welcher Satz über Hornissen ist richtig?**

- a) Drei Stiche töten einen Menschen
- b) Sieben Stiche töten ein Pferd
- c) Hornissen sind nicht giftiger als Wespen

 Schon gewusst?

Hornissen leben in einem Staat, der aus der
Königin und bis zu 800 Arbeiterinnen besteht. Halt
am besten zwei Meter Abstand zu ihrem Nest.

201. Woran erkennst du, dass
der Ohrwurm ein Insekt ist?

   a) An den deutlich sichtbaren Augen

   b) An den Zangen am Hinterleib

   c) An den sechs Beinen

202. Wie erbeutet eine Libellenlarve
kleine Fische und Kaulquappen?

   a) Sie fängt ihre Beute mit ihren bedornten Beinen

   b) Sie packt ihre Beute mit ihren Mundwerkzeugen

   c) Sie schießt einen Fangfaden auf ihre Beute ab

203. Wie groß ist die Spannweite
des Wiener Nachtpfauenauges?

   a) 8 cm

   b) 15 cm

   c) 20 cm

204. Wie hoch fliegt der Schmetterling Kleiner Fuchs?

   a) 1 000 m

   b) 3 000 m

   c) 4 000 m

205. Wie viele Augen hat eine Gartenkreuzspinne?

   a) 2

   b) 4

   c) 8

206. Womit atmen Mauerasseln?

a) Mit ihren Lungen
b) Über die Haut
c) Mit Kiemen

207. Wie viele Eier legt eine Stallfliege in den drei bis fünf Wochen ihres Lebens?

a) 1 000 Eier
b) 2 000 Eier
c) 3 000 Eier

208. Woher stammen die feinen dünnen Fäden, die im Spätsommer durch die Luft fliegen?

a) Es sind lange blonde Haare
b) Es sind die Staubfäden heimischer Bäume
c) Es sind die Spinnfäden junger Spinnen

209. Wo verbringen junge Wolfsspinnen ihre ersten Lebenstage?

a) Auf dem Rücken der Mutter
b) In einem Seidengespinst
c) Unter der Erde

210. Wie tief gräbt die Feldgrille ihre Gänge in den Boden?

a) 20 cm
b) 30 cm
c) 40 cm

Hummel

Die pelzigen Hummeln gehören im Frühjahr zu den ersten Insekten, die nach dem Winter wieder unterwegs sind.

211. **Wo bauen Hummeln gern ihr Nest?**

a) In verlassene Mäusebaue
b) In leere Vogelnester
c) In hohle Baumstämme

212. **Was sammeln Hummeln in den Höschen an den Hinterbeinen?**

a) Nektar
b) Pollen
c) Staub

 Schon gewusst?

Im Hummelbau gibt es kleine Wachsnäpfchen für die Larven und größere Honigtöpfe als Vorrat.

Kellerassel

Tagsüber verstecken sich die Kellerasseln an feuchten Plätzen, erst bei Dunkelheit werden sie munter.

213. Zu welcher Tiergruppe gehören Asseln?

a) Zu den Spinnen
b) Zu den Insekten
c) Zu den Krebsen

214. Welche besonderen Körperteile besitzen die weiblichen Asseln?

a) Wärmesinneszellen
b) Bruttaschen
c) Legebohrer

 Schon gewusst?

Die Atmungsorgane der Kellerassel sind lungenähnliche Hohlräume, die sich in den Beinen am Hinterleib befinden.

Köcherfliege

Die bis zu zwei Zentimeter langen Köcherfliegen halten sich meist in der Nähe von Gewässern auf.

215. Mit welchen Insekten sind Köcherfliegen am nächsten verwandt?

a) Mit Fliegen
b) Mit Schmetterlingen
c) Mit Eintagsfliegen

216. Was bauen sich die Larven am Gewässergrund?

a) Eine u-förmige Röhre im Grund
b) Ein Gespinst zwischen Algen
c) Ein Gehäuse für den Hinterleib

 Schon gewusst?

Manche Köcherfliegenlarven stellen im Gewässer kleine Netze aus Spinnseide her, mit denen sie Plankton aus dem Wasser sieben.

Kreuzspinne

Die Kreuzspinne baut ihr Radnetz mit klebrigen Fangfäden in Gärten, Wäldern und im Gebüsch am Wegrand.

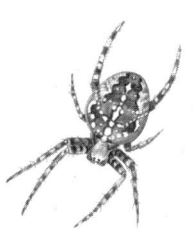

217. **Wie lange braucht eine Kreuzspinne, um ein Radnetz zu bauen?**

a) Etwa 45 Minuten

b) Bis zu 2 Stunden

c) Einen ganzen Tag

218. **Wie viele Augen hat eine Kreuzspinne?**

a) 2

b) 4

c) 8

 Schon gewusst?

Das Netz besteht aus selbst gesponnenen, eiweißreichen Spinnfäden. Bevor die Spinne ein neues Netz baut, frisst sie das alte auf.

Ohrwurm

Tagsüber verstecken sich die braunen Ohrwürmer unter Steinen, Topfuntersetzern und in dichten Blüten.

219. Warum gelten Ohrwürmer als nützliche Tiere?

a) Sie sind beliebte Vogelnahrung
b) Sie fressen Blattläuse
c) Sie bestäuben Blüten

220. Welcher Satz über Ohrwürmer ist richtig?

a) Die Weibchen kümmern sich um die Brut
b) Die Männchen brummen leise
c) Die Larven leben im Wasser

 Schon gewusst?

Ohrwürmer verteidigen sich, indem sie ihre zusammengefalteten Flügel mit den großen Zangen am Ende des Hinterleibs öffnen.

Rote Feuerwanze

*Die Rote Feuerwanze kommt
bei uns recht häufig vor und ist
ganzjährig zu beobachten.*

221. Wie paaren sich Männchen und Weibchen?

a) Sie sitzen aufeinander
b) Sie hängen Hinterleib an Hinterleib zusammen
c) Sie hängen mit ihren Fühlern zusammen

222. Wie leben Rote Feuerwanzen?

a) In Kolonien
b) Sie sind Einzelgänger
c) In kleinen Gruppen von bis zu zehn Tieren

 Schon gewusst?

Die schwarz-roten Feuerwanzen leben oft
am Fuß von alten Lindenbäumen, wo sie
an den Früchten der Linden saugen.

Rote Waldameise

In lichten Wäldern bauen die Roten Waldameisen bis zu einen Meter hohe Ameisenhaufen, in denen der Ameisenstaat lebt.

223. **Wie viele Rote Waldameisen bilden einen Staat?**

a) Bis zu 10 000 Ameisen
b) Bis zu 100 000 Ameisen
c) Bis zu eine Million Ameisen

224. **Wie alt kann die Königin der Roten Waldameisen werden?**

a) Bis zu 2 Jahre
b) Bis zu 10 Jahre
c) Bis zu 20 Jahre

Schon gewusst?

 Ameisen sind sehr stark: Mit ihren Mundwerkzeugen können sie Lasten tragen, die 100-mal schwerer sind als sie selbst.

Siebenpunkt-Marienkäfer

Unter den etwa 80 heimischen Marienkäferarten ist der rote Siebenpunkt mit den sieben schwarzen Punkten der bekannteste.

225. Wie viele Blattläuse kann eine Marienkäferlarve während ihres Lebens verspeisen?

a) Bis zu 100
b) Rund 300
c) Über 600

226. Was macht ein Marienkäfer, wenn er sich bedroht fühlt?

a) Er gibt ein stinkendes Sekret ab
b) Er beißt zu
c) Er sticht schmerzhaft

 Schon gewusst?

Mit der rot-schwarzen Färbung signalisiert der Siebenpunkt Vögeln und anderen Fressfeinden, dass er eklig schmeckt.

Stechmücke

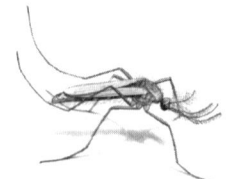

In warmen Sommernächten suchen die blutsaugenden Stechmücken gern Menschen auf, um sie zu stechen.

227. Welche Stechmücken saugen Blut?

a) Die Weibchen
b) Die Männchen
c) Die Larven

228. Worin entwickeln sich die Larven der Stechmücken?

a) Im Mist
b) Im Wasser
c) Im Nektar

 Schon gewusst?

Eine Stechmücke saugt zwei bis drei Minuten lang Blut. Danach juckt der Stich, weil sie beim Blutsaugen Speichel in die Wunde träufelt.

Steinläufer

*Steinläufer gehören
zu den Hundertfüßern,
die überall an feuchten
Bodenstellen vorkommen.*

229. Wovon ernährt sich der Steinläufer?

- a) Von Algen
- b) Von Pilzen
- c) Von Asseln

230. Warum solltest du keinen Steinläufer anfassen?

- a) Weil er stinkt
- b) Weil er giftig beißt
- c) Weil er kräftig sticht

 Schon gewusst?

Junge Steinläufer besitzen nur sieben Beinpaare.

Mit jeder Häutung kommt ein Körpersegment

mit einem Beinpaar hinzu, bis es 15 Beinpaare sind.

231. Was kann der Totenkopfgräber im Gegensatz zu den meisten anderen Schmetterlingen?

a) Er kann stechen
b) Er kann Geräusche von sich geben
c) Er hat Giftdrüsen

232. Warum erfrieren Bienen im Winter nicht?

a) Sie können ihre Körpertemperatur absenken
b) Der Imker beheizt den Stock im Winter
c) Bienen bewegen sich ununterbrochen

233. Welche Hummeln können stechen?

a) Nur die Weibchen
b) Nur die Männchen
c) Männchen und Weibchen

234. Wie finden Ameisen ihren Weg zurück ins Nest?

a) Durch eine Duftspur
b) Durch Orientierung am Magnetfeld der Erde
c) Durch Kommunikation mit anderen Ameisen

235. Warum häuten sich Raupen während des Wachstums mehrmals?

a) Weil sie eine andere Farbe bekommen
b) Weil sie so Krankheiten „abschütteln"
c) Weil die Haut zu eng wird

236. Fressen Kleidermotten Löcher in Wollpullover?

a) Ja, Kleidermotten lieben Wolle
b) Nein, dafür sind andere Tiere verantwortlich
c) Nur die Raupen der Kleidermotten fressen diese Löcher

237. Warum sind Goldfliegen gefährlich?

a) Sie können Krankheiten übertragen
b) Sie können stechen
c) Sie sind giftig

238. Welche besonderen Fähigkeiten haben Schwebfliegen?

a) Sie können besonders viele Blüten bestäuben
b) Sie können besonders kunstvoll durch die Luft fliegen
c) Sie können die Farbe wechseln

239. Wozu dienen die kleinen Öffnungen am Hinterleib des Maikäfers?

a) Zum Atmen
b) Zum Ausscheiden
c) Zum Riechen

240. Wie viele Arten von Marienkäfern gibt es bei uns?

a) 30
b) 50
c) 80

Tagpfauenauge

Das hübsche Tagpfauenauge kommt bei uns fast überall vor und gehört zu den häufigsten Tagfaltern.

241. Wovon ernähren sich die schwarzen, dornigen Raupen dieses Tagfalters?

a) Nur von Rosenblättern

b) Nur von Brennnesseln

c) Von allen Gartenpflanzen

242. Wozu dienen die großen Augenzeichnungen auf den Flügeln des Tagpfauenauges?

a) Zur Abwehr von Feinden

b) Zum Sehen

c) Zur Tarnung

 Schon gewusst?

Die meisten Schmetterlinge überwintern als Ei, Raupe oder Puppe – nicht aber das Tagpfauenauge. Es überwintert als fertiger Falter in Mäusebauen und fliegt schon an warmen Wintertagen.

Taubenschwänzchen

Das Taubenschwänzchen ist ein
ungewöhnlicher Schmetterling,
den du im Sommer an Balkon-
blüten beobachten kannst.

243. Mit welchen Tieren werden Taubenschwänzchen gern verwechselt?

a) Mit Fledermäusen
b) Mit Kolibris
c) Mit Libellen

244. Welchen Flugweg legt das Taubenschwänzchen jedes Jahr zu uns zurück?

a) Es überquert die Nordsee
b) Es überquert die Ostsee
c) Es überquert die Alpen

 Schon gewusst?

Das Taubenschwänzchen ist ein Wanderfalter. Er
legt auch bei uns Eier ab. Die meisten Nachkommen
fliegen im Spätsommer nach Südeuropa zurück.

Tausendfüßer

Bei uns leben verschiedene Arten von Tausendfüßern zwischen dem Laub am Boden, wo sie abgestorbene Pflanzen fressen.

245. Wie viele Beine besitzt der Rekordhalter unter den Tausendfüßern?

a) Etwa 500
b) Rund 750
c) Genau 1000

246. Wozu sind Tausendfüßer ökologisch wichtig?

a) Als Hauptnahrung von Kröten
b) Als Gegenspieler zu den Hundertfüßern
c) Als Humusbildner für den Boden

 Schon gewusst?

Der drehrunde Körper der Tausendfüßer besteht aus vielen gleichen Segmenten, die jeweils zwei Beinpaare, also vier Beine tragen.

Waldmistkäfer

Der kräftig gebaute, schwarze Waldmistkäfer krabbelt im Sommer und Herbst häufig auf den Wegen im Wald.

247. Wonach sucht der Waldmistkäfer am Wegrand?

a) Nach Spinnennetzen
b) Nach Kothaufen
c) Nach Walderdbeeren

248. Mit welchem bekannten Käfer ist der Waldmistkäfer verwandt?

a) Mit dem Maikäfer
b) Mit dem Marienkäfer
c) Mit dem Kartoffelkäfer

 Schon gewusst?

Unter Kothaufen bauen die Mistkäfer verzweigte Erdkammern für ihre Larven, die sie mit dem Kot als Nahrungsvorrat füllen.

Wanze

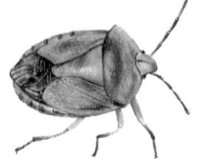

Mit ihrem langen Stechrüssel bohren die Wanzen Früchte, Samen und andere Nahrung an, um sie auszusaugen.

249. Woran merkst du, dass eine Wanze an einer Himbeere genascht hat?

a) Am widerlichen Geschmack

b) An der blauen Verfärbung

c) Am alkoholischen Duft

250. Wie ist der Körper der im Sommer grünen Stinkwanze im Winter gefärbt?

a) Dunkelgrün

b) Rot

c) Braun

 Schon gewusst?

Am Bauch der Grünen Stinkwanze kannst du auf der Brust eine lange Vertiefung finden. Dort ruht der Stechrüssel, wenn die Wanze ihn nicht benutzt.

Wasserläufer

Mit seinen langen Beinen gleitet der Wasserläufer wie ein Schlittschuhläufer auf der Wasseroberfläche von Weihern und Teichen.

251. Wem lauert der Wasserläufer auf?

a) Auftauchenden Fischen
b) Aufs Wasser gefallenen Insekten
c) Wasserschnecken

252. Zu welcher Insektenordnung gehört der Wasserläufer?

a) Zu den Wanzen
b) Zu den Käfern
c) Zu den Zikaden

 Schon gewusst?

Die beiden Vorderbeine der Wasserläufer sind sehr kurz – sie dienen nicht zum Laufen, sondern zum Ergreifen der Beute.

Weberknecht

Mit seinen langen, dünnen Beinen kann der Weberknecht perfekt über unebene Hauswände oder Pflanzenbewuchs laufen.

253. Wodurch unterscheidet sich der Weberknecht von echten Webspinnen?

a) Er hat nur sechs Beine
b) Er kann keine Spinnfäden spinnen
c) Er frisst nur Pflanzliches

254. Womit verteidigt sich der Weberknecht?

a) Mit einem stinkenden Sekret
b) Mit einem giftigen Stich
c) Mit gellendem Geschrei

 Schon gewusst?

Wenn ein Vogel nach einem Weberknecht pickt, bricht diesem rasch ein Bein ab. Es zuckt noch und verwirrt den Vogel, sodass der Weberknecht fliehen kann.

Wespe

Die gelb-schwarzen Wespen können im Sommer ganz schön lästig werden, wenn man etwas Süßes isst oder trinkt.

255. Aus welchem Material besteht ein Wespennest?
- a) Aus Papier
- b) Aus Wachs
- c) Aus Zweigen

256. Womit füttern die Wespen ihre Larven?
- a) Mit Nektar
- b) Mit Blättern
- c) Mit Insekten

 Schon gewusst?

Mit ihren Mundwerkzeugen formen die Wespen aus nassen Papier die dünnen Wände der Zellen und die Nestaußenwand.

INSEKTEN & SPINNENTIERE

Wiesen-schaumzikade

Auf vielen Wiesen kommt die kleine braune Wiesenschaumzikade vor, die an verschiedenen Pflanzen saugt.

257. Wo lebt die Larve der Wiesenschaumzikade?

a) In einem Schaumnest
b) In einem dichten Blütenkopf
c) Im Wiesenboden

258. Was kann eine Wiesenschaumzikade?

a) Ein Netz weben wie eine Spinne
b) Weit springen wie ein Floh
c) Honig machen wie eine Biene

 Schon gewusst?

Um einen Partner anzulocken, produzieren die Wiesenschaumzikaden rhythmische Töne mit ihren Trommelorganen.

Zecke

*Die Zecke, auch Holzbock
genannt, ist eine blutsaugende
Milbenart, die gefährliche
Krankheiten übertragen kann.*

259. Wo lauern Zecken auf vorbeikommende
Menschen, Hunde und andere Wirtstiere?

a) In der Baumkrone
b) Auf Zäunen
c) Auf Grashalmen

260. Wie nehmen Zecken herannahende Wirte wahr?

a) Durch die Erschütterung beim Gehen
b) Durch den Geruch
c) Durch bunte Farbe

 Schon gewusst?

Auf dem Körper des Wirts suchen Zecken nach einer
weichen Hautstelle. Dort bohren sie ihren Rüssel tief in
die Haut und saugen bis zu zwei Wochen lang Blut.

261. Wie hoch springt ein Floh?

    a) 12 cm

    b) 15 cm

    c) 20 cm

262. Wie viele Kilometer müssen Honigbienen für 500 Gramm Honig fliegen?

    a) 80 000 km

    b) 120 000 km

    c) 200 000 km

263. Welches ist das schnellste Insekt?

    a) Die Libelle

    b) Die Hornisse

    c) Die Fliege

264. Aus welcher Entfernung kann das Seidenspinner-Männchen ein Weibchen riechen?

    a) Aus 5 km Entfernung

    b) Aus 8 km Entfernung

    c) Aus 11 km Entfernung

265. Seit wie vielen Millionen Jahren gibt es schon Eintagsfliegen auf der Erde?

    a) Seit 50 Millionen Jahren

    b) Seit 100 Millionen Jahren

    c) Seit 350 Millionen Jahren

266. Wann fliegen bei uns die ersten Schmetterlinge?

a) Im Januar

b) Im Februar

c) Im März

267. Wie viel Zeit braucht die Larve des Hirschkäfers, um sich zum Käfer zu entwickeln?

a) 1 Jahr

b) 4 Jahre

c) 8 Jahre

268. Wofür sind Borkenkäfer nützlich?

a) Sie sorgen dafür, dass sich absterbende Bäume schneller zersetzen

b) Sie verhindern die Ausbreitung von schädlichen Schimmelpilzen

c) Sie helfen beim Verteilen von Baumsamen

269. Wie bekommt die Wasserspinne unter Wasser Luft?

a) Sie atmet mit Kiemen

b) Sie nimmt sich eine große Luftblase mit unter Wasser

c) Sie kann viele Stunden ohne Sauerstoff auskommen

270. Wie gelangt eine Zecke auf den menschlichen Körper?

a) Sie stürzt sich von einem Baum herab

b) Sie lauert in niedrigen Pflanzen

c) Sie hüpft wie ein Grashüpfer

BLUMEN

Acker-Kratzdistel

Acker-Kratzdisteln gedeihen auf Schuttplätzen, Feldern und am Wegrand.

271. Warum gehört die Acker-Kratzdistel zu den unbeliebten Unkräutern?

a) Weil sie sich rasch ausbreitet
b) Weil sie giftig ist
c) Weil sie wichtige Bienenpflanzen verdrängt

272. Wer saugt Nektar an den Blüten der Acker-Kratzdistel?

a) Fledermäuse
b) Wanzen
c) Bienen

 Schon gewusst?

Die Blüten bestehen aus rund 100 kleinen Einzelblüten. Nach dem Verblühen transportiert der Wind die löwenzahnähnlichen „Pusteblumen"-Früchte bis zu zehn Kilometer weit.

Aronstab

Der Aronstab kommt an nährstoffreichen, schattig-feuchten Plätzen im Wald und Gebüsch vor. Vorsicht, er ist giftig!

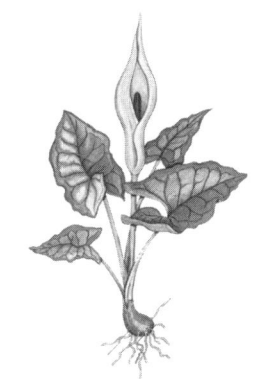

273. Was ist das Besondere an der Aronstabblüte?

a) Eine dunkle Flüssigkeit tritt aus ihr aus

b) Sie stinkt nachts nach Urin

c) Sie duftet nach Honig

274. Welche Farbe haben die Früchte, wenn sie reif sind?

a) Grün

b) Rot

c) Blau

 Schon gewusst?

Das tütenartige Blatt ist nicht die Blüte vom Aron-stab, sondern nur ein Hüllblatt. Die winzigen Blüten sitzen versteckt an der Basis des langen Kolbens.

Bärlauch

*Im Schatten feuchter Laub-
wälder bildet der Bärlauch
große, dichte Bestände.*

**275. Wodurch nimmst du den Bärlauch
schon von Weitem wahr?**

a) Durch die leuchtenden Blüten

b) Durch den Duft nach Knoblauch

c) Durch das Summen der Hummeln

276. Welche Pflanze ist mit dem Bärlauch verwandt?

a) Die Küchenzwiebel

b) Das Maiglöckchen

c) Die Tulpe

 Schon gewusst?

Die Blätter vom Bärlauch sind essbar – beim
Pflücken muss man jedoch aufpassen, damit
man sie nicht mit den giftigen Blättern von
Maiglöckchen und Herbstzeitlose verwechselt.

Beinwell

*Beinwell wächst auf feuchten
bis nassen Böden am Ufer,
Wegrand und auf Wiesen.*

277. Wann kommt Beinwellsalbe zum Einsatz?

a) Nach Sportunfällen

b) Bei Insektenstichen

c) Bei Magen-Darm-Erkrankungen

278. Wie fühlen sich die Blätter vom Beinwell an?

a) Samtweich

b) Schleimig

c) Borstig-rau

 Schon gewusst?

Schon die Römer kannten Beinwell als Heilpflanze.
Heute wendet man sie nur auf unverletzten
Hautstellen an, denn sie enthält auch Giftstoffe.

Blutweiderich

Der Blutweiderich mit seinen kerzenähnlichen Blüten wächst am Ufer, auf Sumpfwiesen und am Gartenteich.

279. Worauf spielt das „Blut" im Namen dieser Blume an?

a) Auf die blutreinigende Wirkung
b) Auf die blutroten Blüten
c) Auf das blutrot verfärbte Herbstlaub

280. Was kann der Blutweiderich nicht?

a) Teichwasser reinigen
b) Getränke rotviolett färben
c) Wäsche beduften

 Schon gewusst?

Früher haben die Menschen Leder mit dem gerbstoffreichen Blutweiderich gegerbt und so haltbar gemacht.

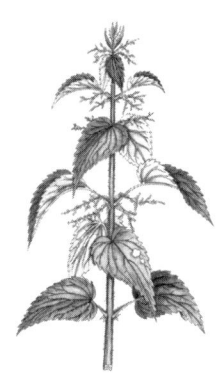

Brennnessel

Brennnesseln wachsen auf stickstoffreichem Boden am Weg- und Waldrand – auch an Stellen, an denen viel uriniert wird.

281. Was passiert, wenn du eine Brennnessel berührst?

a) Giftdrüsen explodieren

b) Brennhaare schießen heraus

c) Brennhaare brechen ab

282. Welche Schmetterlingsraupen fressen nur Brennnesselblätter?

a) Die von Tagpfauenauge und Kleinem Fuchs

b) Die von Schwalbenschwanz und Segelfalter

c) Die von Kohlweißling und Zitronenfalter

 Schon gewusst?

Die Vitamin-C-reichen Brennnesselblätter schmecken als Wildsalat und Gemüse und ergeben einen gesunden Tee, der Nieren und Blase durchspült.

Echte Kamille

*Die Echte Kamille ist eine
alte Heilpflanze. Die Blüten
ergeben Kamillentee,
der bei Bauchweh hilft.*

**283. Aus wie vielen Blüten besteht
das gelb-weiße Blütenkörbchen?**

a) Aus einer einzigen
b) Aus bis zu 20
c) Aus bis zu 120

**284. Wodurch unterscheiden sich die Blütenkörbchen
der Echten Kamille von ähnlichen Blüten?**

a) Durch den weißen Blütenkranz
b) Durch den hohlen Blütenboden
c) Durch die gelbe Blütenmitte

Schon gewusst?

Wenn du die Blüten zwischen deinen
Fingern zerreibst, duften sie aromatisch.

Echte Schlüsselblume

Am Waldrand, auf Wiesen und Böschungen erblühen die hübschen Schlüsselblumen.

285. Wann öffnen sich die Blüten der Schlüsselblume?

a) Im Frühling

b) Im Sommer

c) Im Herbst

286. Was lindert ein Tee aus den Blüten der Schlüsselblume?

a) Kopfschmerzen

b) Bauchweh

c) Husten

 Schon gewusst?

Die Schlüsselblume kam zu ihrem Namen, weil die Blüten wie Schlüssel an einem Schlüsselbund beisammenstehen.

Gänseblümchen

Auf Wiesen, Rasenflächen und am Wegrand blühen das ganze Jahr über Gänseblümchen.

287. Was passiert mit den Blüten, wenn es regnet?

a) Sie quellen auf
b) Sie schließen sich
c) Sie fallen ab

288. Wie werden die Samen vom Gänseblümchen nicht verbreitet?

a) Über Schuhsohlen
b) Mit dem Regen
c) Von Vögeln

 Schon gewusst?

Die essbaren Blüten schmecken nach fruchtigen Nüssen, etwa in Salaten, auf einem Butterbrot und in Gemüsegerichten.

Herbstzeitlose

Im Herbst erscheinen auf feuchten Wiesen die lila Blüten der Herbstzeitlose. Achtung, sie ist giftig!

289. An welche Blüten erinnern die Blüten der Herbstzeitlose?

a) An Krokusse

b) An Schneeglöckchen

c) An Narzissen (Osterglocken)

290. Welchen Rekord hält die Herbstzeitlose?

a) Den über das schnellste Wachstum

b) Den über die längste Blüte

c) Den über die längste Blütezeit

Schon gewusst?

Wenn die Herbstzeitlose blüht, trägt sie keine Blätter. Die Blätter und dreieckigen Früchte erscheinen erst im kommenden Frühling.

291. Wodurch locken die Blüten des Wiesen-Bären-klaus Weichkäfer und Schwebfliegen an?

   a) Durch die auffallende Blütenfarbe

   b) Durch einen unangenehmen Aasgeruch

   c) Durch einen besonders verlockenden Geruch

292. Wie verbreitet sich die **Sumpfdotterblume?**

   a) Über flugfähige Samen

   b) Über Tiere

   c) Über schwimmfähige Samen

293. Wie vermehrt sich das **Frühlingsfingerkraut?**

   a) Durch Tochterpflanzen

   b) Durch Wurzelteilung

   c) Durch Bestäubung

294. Woran erkennt man, dass die Blüten der Flockenblume von Bienen und Schmetterlingen bestäubt werden?

   a) An der Form ihrer Blätter

   b) An der bläulichen Farbe

   c) An dem tief verborgenen Nektar

295. Frauenmantel ist ein altes Heilmittel. Gegen welche Leiden hilft das Kraut?

   a) Gegen Blasenleiden

   b) Gegen Kopfschmerzen

   c) Gegen Magen- und Darmbeschwerden

296. Was kann Tieren nach dem Genuss von
zu vielen Johanniskrautblüten passieren?

a) Ihr Urin verfärbt sich blutrot
b) Sie reagieren beim nächsten Fressen dieser Blüten allergisch.
c) Sie werden im Tageslicht krank

297. Warum verschwindet die Küchenschelle von
unseren heimischen nährstoffreichen Wiesen?

a) Weil die Pflanze keinen Dünger verträgt
b) Weil sie unter der Luftverschmutzung leidet
c) Weil sie von Tieren gefressen wird

298. Warum gilt das Aufgeblasene Leimkraut
als sehr anspruchslose Pflanze?

a) Weil sie als Pionier auch neue Standorte besiedelt
b) Weil sie ohne Nährstoffe wachsen kann
c) Weil sie kein Licht benötigt

299. Welche Wirkung haben die zerteilten Blütenblätter
der leuchtend purpurroten Kuckuckslichtnelke?

a) Insekten können die Einzelblüte schlechter finden
b) Insekten werden stärker angelockt
c) Insekten lehnen die Blütenblätter ab

300. Wozu wurde Mädesüß früher genutzt?

a) Zur Herstellung von Wein
b) Zum Brennen von Schnaps
c) Zum Brauen von Bier

Klatschmohn

Der Klatschmohn wächst an warmen Plätzen in Getreidefeldern und an Straßenböschungen.

301. Wie viele Samen bildet eine einzige Mohnpflanze?

a) Bis zu 5000
b) Bis zu 10000
c) Bis zu 20000

302. Wofür diente die Kapselfrucht des Mohns als Vorbild?

a) Für Konservendosen
b) Für Salz- und Pfefferstreuer
c) Für Zuckerdosen

 Schon gewusst?

Die großen Mohnblüten bieten den Insekten keinen Nektar, dafür aber reichlich Pollen an – bis zu 2,5 Millionen Pollenkörner pro Blüte!

Königskerze

Königskerzen sind stattliche Pflanzen, die am Wegrand und auf brachliegenden Flächen mit magerem Boden wachsen.

303. Welche Höhe können Königskerzen erreichen?

a) Bis zu 1 m

b) Bis zu 1,75 m

c) Bis zu 2,5 m

304. Wie öffnen sich die Blüten in den fackelähnlichen Blütenständen?

a) Von unten nach oben

b) Von oben nach unten

c) Alle gleichzeitig

 Schon gewusst?

Königskerzen sind zweijährige Pflanzen. Im ersten Jahr erscheint am Boden nur eine flache Blattrosette, erst im zweiten Jahr blüht die Pflanze.

Kornblume

Die Kornblume gehört zu den bekanntesten Blumen auf den Getreidefeldern.

305. Wie lange lebt eine Kornblumenpflanze?

a) Weniger als 1 Jahr
b) Mindestens 2 Jahre
c) Über 5 Jahre

306. Welche Tiere sammeln die Samen der Kornblume?

a) Igel
b) Schwalben
c) Ameisen

 Schon gewusst?

Die Kornblume stammt ursprünglich aus dem östlichen Mittelmeerraum. Von dort kam sie vor mehreren tausend Jahren mit dem Ackerbau zu uns.

Maiglöckchen

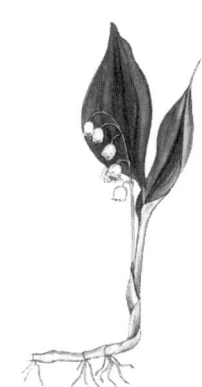

Das Maiglöckchen liebt die geschützten Plätze unter Büschen und Bäumen, wo es dichte Bestände bildet. Es ist giftig.

307. Wozu wird das Maiglöckchen verwendet?

a) Als Färbepflanze
b) Als Parfümduft
c) Als Bodendünger

308. Wie heißt der grüne Farbstoff in den Blättern?

a) Blattgrün
b) Blumengrün
c) Pflanzengrün

 Schon gewusst?

Vor allem Amseln fressen unbeschadet die giftigen roten Beerenfrüchte, die sich aus den Blüten entwickeln. So verbreiten sie die Samen.

Roter Fingerhut

Der Rote Fingerhut ist eine Waldpflanze, die von Juni bis August an Wegen und auf Lichtungen blüht.

309. Wie viele Blätter vom giftigen Fingerhut wirken tödlich?

a) 1 kg Blätter
b) 100 g Blätter
c) 2 Blätter

310. Welche Insekten bestäuben die hübschen Glockenblüten des Fingerhuts?

a) Schmetterlinge
b) Hummeln
c) Käfer

 Schon gewusst?

Geringste Mengen der hochgiftigen Digitalisglykoside des Fingerhuts sind ein wichtiges Heilmittel bei Herzerkrankungen.

Rotklee

Auf Wiesen, Weiden und am Wegrand blüht der Wiesenklee, der wegen seiner roten Blüten auch Rotklee heißt.

311. Welche Bedeutung hat der Wiesenklee für die Landwirte?

a) Er ist gutes Viehfutter
b) Er ist eine gute Energiepflanze
c) Er ist eine gute Speiseölpflanze

312. Wann falten sich die Blätter zusammen?

a) Um die Mittagszeit
b) Nachts
c) Bei Regen

 Schon gewusst?

Nur die langrüsseligen Hummeln können beim Klee Nektar saugen, Bienen mit ihrem kurzen Rüssel hingegen sammeln nur den Pollen.

Schafgarbe

Die Schafgarbe gedeiht auf nährstoffreichen Wiesen, Weiden, Feldern und am Wegrand.

313. Aus welchem Grund kam die Pflanze zu dem Namen Schafgarbe?

a) Weil sie zur Schafskälte (Mitte Juni) blüht

b) Weil sie dort vorkommt, wo Schafe weiden

c) Weil Schafe die Pflanze gerne fressen

314. Bei welchem Leiden hilft Schafgarbentee?

a) Bei Schlaflosigkeit

b) Bei Bauchweh

c) Bei Prellungen

 Schon gewusst?

Schafgarbe ist nicht nur eine alte Heilpflanze, sie wurde früher auch zum Gelbfärben von Wolle verwendet.

Schöllkraut

*Das gelbe Schöllkraut besiedelt
nicht zu sonnige Plätze an Mauern,
am Weg- und Waldrand.
Es ist giftig.*

**315. Was passiert, wenn du einen Stängel
vom Schöllkraut abbrichst?**

a) Milchsaft tritt aus
b) Alle Blätter brechen ab
c) Die Blütenblätter fallen ab

**316. Auf welchen Kontinent haben Europäer
das Schöllkraut mitgenommen?**

a) Nach Afrika
b) Nach Nordamerika
c) Nach Australien

 Schon gewusst?

Früher setzten die Menschen Schöllkraut bei Hauterkrankungen ein. Noch heute wirkt es gegen Warzen.

Sonnenblume

In den großen Blütenköpfen der Sonnenblumen reifen die Samen heran, die als Öllieferant, Brot- zugabe und Vogelfutter dienen.

317. Wie groß können die Blütenköpfe werden?

a) Bis zu 15 cm

b) Bis zu 30 cm

c) Bis zu 40 cm

318. Woher stammt die Sonnenblume?

a) Aus dem Mittelmeerraum

b) Aus Mittelamerika

c) Aus Südafrika

 Schon gewusst?

Die jungen Blütenköpfe drehen sich täglich mit der Sonne von Osten nach Westen. Im reifen Zustand stoppt die Bewegung und sie schauen meist nach Osten.

Sumpf-Schwertlilie

Die Sumpf-Schwertlilie wächst auf nassen Böden am Ufer, in Gräben und Sümpfen.
Sie ist giftig.

319. Was sind die braunen **A**dern auf den gelben **B**lütenblättern?

a) Welke Stellen
b) Von Fliegen angebohrte Löcher
c) Wegweiser zum Nektar

320. Wie sieht die **W**urzel der **S**chwertlilie aus?

a) Sie ist ein knollenähnliches Rhizom
b) Sie ist eine große Zwiebel
c) Sie ist eine lange Pfahlwurzel

 Schon gewusst?

Die bei uns heimische Sumpf-Schwertlilie wird schon seit fast 500 Jahren von Gärtnern gezüchtet.

321. Ursprünglich kam der Wiesensalbei in trockenen Steppen Europas vor. Woran kann man das erkennen

a) Seine runzeligen Blätter schützen ihn vor starkem Wasserverlust durch Verdunstung
b) Sein vierkantiger Stängel speichert viel Wasser
c) Die Pflanze benötigt kein Wasser

322. Der Sauerampfer ist zweihäusig. Was heißt das?

a) Im ersten Jahr erscheinen nur Blätter, im zweiten die Blüten
b) Männliche und weibliche Blüten sitzen auf verschiedenen Pflanzen
c) Die Pflanze bildet zwei verschiedenfarbige Blüten aus

323. Wozu bildet das Wiesenschaumkraut kleine Brutpflänzchen an den bodennahen Blättern?

a) Zur Vermehrung
b) Als Nährstoffreserve
c) Es gibt keinen besonderen Grund für die Brutpflänzchen

324. Wie schützt sich die Silberdistel davor, gefressen zu werden?

a) Mit giftigen Blättern
b) Mit dornigen Blättern
c) Mit Blättern in Warnfarben

325. Manche Blumen des Löwenzahns erscheinen aufgebrochen. Wer war das?

a) Ein Vogel, der die Samen an seine Jungen verfüttert
b) Eine Maus, die die Samen fressen möchte
c) Ein Kind, das mit der Blume spielen wollte

326. Wie weit werden die Samen des Wiesen-Storch-
schnabels durch einen speziellen Mechanismus
der Früchte weggeschleudert?

a) Bis zu 50 cm

b) Bis zu 10 cm

c) Bis zu 2 m

327. Wie sieht die Blüte der Weißen Taubnessel aus?

a) Sie besteht aus fünf gleichförmigen Blütenblättern

b) Sie besteht aus Ober- und Unterlippe

c) Sie setzt sich aus vielen kleinen Blüten zusammen

328. Wer verbreitet die Samen
der Wiesen-Witwenblume?

a) Ameisen

b) Bienen

c) Vögel

329. Was wurde früher mit dem Milchsaft
der Zypressen-Wolfsmilch kuriert?

a) Prellungen

b) Die Pest

c) Warzen oder Fußpilz

330. Warum sind die Blüten des
Spitzwegerichs so unauffällig?

a) Weil sie von Käfern bestäubt werden

b) Weil sie vom Wind bestäubt werden

c) Weil sie nur von einer speziellen
Schmetterlingsart bestäubt werden

Waldmeister

Der Waldmeister fühlt sich an schattigen Plätzen in Laub- und Mischwäldern wohl.

331. Was gibt Waldmeister sein typisches Aroma?

a) Joghurt
b) Götterspeise
c) Pastasoße

332. Wann entwickelt sich der typische Duft?

a) Beim Schnuppern an den Blüten
b) Beim Ausgraben der Wurzeln
c) Beim Verwelken der Pflanze

 Schon gewusst?

Erwachsene geben Waldmeister gern in die Maibowle. Darin darf er nur kurz ziehen, denn sonst führt der Genuss zu Kopfschmerzen.

Wegwarte

An Wegrändern, auf Bahndämmen, Weiden und Schuttflächen öffnen sich ab Juni die blauen Blüten der Wegwarte.

333. Was wurde früher aus den Wurzeln gemacht?

a) Brennholz
b) Kartoffelähnliches Gemüse
c) Kaffee-Ersatz

334. Was ist das Besondere der Blüten?

a) Sie blühen nur einen Tag lang
b) Sie duften intensiv nach Rosen
c) Sie reizen die Haut bei Berührung

 ### Schon gewusst?

Die Wegwarte ist auch eine alte Heilpflanze, die verdauungsfördernde und appetitanregende Bitterstoffe enthält.

Weiße Seerose

*In ruhigen Flüssen und Seen
breiten sich die hübschen
Weißen Seerosen aus.*

335. Woher stammen die Weißen Seerosen?

a) Aus Asien
b) Aus Europa
c) Aus Afrika

336. In welcher Tiefe befindet sich der Wurzelstock?

a) In bis zu 1 m Tiefe
b) In bis zu 2 m Tiefe
c) In bis zu 3 m Tiefe

 Schon gewusst?

Im Schatten der bis zu 15 cm großen
Blätter halten sich gern Fische, Wasserschnecken und andere Wassertiere auf.

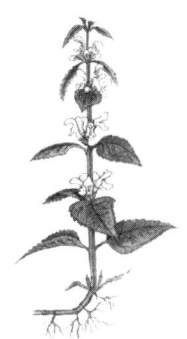

Weiße Taubnessel

Am Weg- und Waldrand, an Zäunen und unterm Gebüsch wachsen die Weißen Taubnesseln in dichten Gruppen.

337. Welcher Pflanze ähnelt die Taubnessel?

a) Brennnessel
b) Weißklee
c) Maiglöckchen

338. Wozu dient die breite Unterlippe der Blüte?

a) Zum Auffangen von Regen
b) Als Landeplatz für Hummeln
c) Als Schüssel für den Nektar

 Schon gewusst?

Die Weiße Taubnessel besitzt keine Brennhaare wie die Brennnessel. Auf die taube, also leere Pflanze weist auch der Pflanzenname hin.

Wiesen-Glockenblume

Sonnige Wiesen, Weiden und Wegränder sind der Lebensraum der hübschen Wiesen-Glockenblume.

339. Wie sehen die Früchte der Glockenblume aus?

a) Es sind rote Beeren

b) Es sind längliche Zapfen

c) Es sind eiförmige Kapseln

340. Wozu dienen die trichterförmigen Blüten in Märchen?

a) Als Kopfbedeckung von Elfen

b) Als Cremetöpfe für Prinzessinnen

c) Als Fülltrichter für Honigtau

 Schon gewusst?

Die blauvioletten Blüten drehen sich bei schönem Wetter zur Sonne hin. Nachts und bei Regen hängen sie herab, um die Pollen zu schützen.

Wiesen-Löwenzahn

Der Löwenzahn leuchtet ab März auf Wiesen, Weiden, Rasenflächen und am Wegrand mit seinen gelben Blütenköpfen.

341. Woher stammt der Name Löwenzahn?

a) Von den gezähnten Knospen
b) Von den gelben Mähnenblüten
c) Von den gezähnten Blättern

342. Was sind die Schirmchen der Pusteblume?

a) Samen
b) Pollen
c) Jungpflanzen

 Schon gewusst?

Der Löwenzahn ist eine essbare Pflanze:
Die leicht bitteren Blätter schmecken als Salat,
die süßlichen Blüten ergeben Sirup und Gelee.

Wiesen-Margerite

Die Wiesen-Margerite ist eine typische Wiesenblume, die von Juni bis Oktober blüht.

343. Aus wie vielen Einzelblüten besteht das gelb-weiße Blütenkörbchen?

a) Aus bis zu 125 Einzelblüten
b) Aus bis zu 380 Einzelblüten
c) Aus bis zu 525 Einzelblüten

344. Wie werden Margeriten auch oft genannt?

a) Weißsternchen
b) Wucherblumen
c) Sonnenblumen

 Schon gewusst?

Für den Garten gibt es zahlreiche Sorten, die noch größere Blütenköpfe als die wilden Wiesen-Margeriten besitzen.

Wiesen- schaumkraut

Das Wiesenschaumkraut verwandelt im Frühjahr feuchte Mäh- und Streuobstwiesen in zart- rosa bis zartlila Blütenteppiche.

345. Was sind die Schaumklümpchen an den Stängeln?

a) Schaumnester von Zikaden
b) Spucke
c) Spülmittelschaum

346. Wer ernährt sich von den Blättern des Wiesenschaumkrauts?

a) Laufkäfer
b) Raupen vom Aurorafalter
c) Füchse

 Schon gewusst?

Die Blüten vom Wiesenschaumkraut sind sehr nektar- reich und dienen Bienen, Hummeln und anderen Insekten im zeitigen Frühjahr als wichtige Nahrungsquelle.

Wilde Möhre

Auf Wiesen, Weiden und am Wegrand blühen die weißen Blütenschirme der Wilden Möhre.

347. Wie heißt die dunkle Blüte in der Mitte des Blütenschirms?

a) Schwarzblüte
b) Tarninsekt
c) Scheininsekt

348. Wie sehen verblühte Blütenschirme aus?

a) Verwelkt
b) Wie ein Gerippe
c) Wie ein Vogelnest

 Schon gewusst?

Von der Wilden Möhre stammen unsere Möhren oder Karotten ab. So besitzt die Wilde Möhre eine schmale weiße, karottenähnliche Wurzel, die auch essbar ist.

Wohlriechendes Veilchen

Ganz früh im Jahr blühen die violetten Veilchen am Weg- und Waldrand, in Gärten und Parkanlagen.

349. **Wie werden Veilchenblüten behandelt, bevor sie Torten dekorieren?**

a) Sie werden kandiert
b) Sie werden getrocknet
c) Sie werden in Alkohol eingelegt

350. **Aus welchen Pflanzenteilen des Veilchens werden Duftstoffe gewonnen?**

a) Aus den Blüten und Wurzeln
b) Aus den Blüten und Blättern
c) Aus den Blüten und Früchten

 Schon gewusst?

Die verblühten Blüten biegen sich zum Boden hin.
So gelangen die Ameisen, die die Samen verbreiten,
leichter an die sich entwickelnden Früchte.

351. Im zweiten Jahr blüht die Königskerze. Wie sieht sie im ersten Jahr aus?

a) Sie besitzt nur wenige Blätter

b) Wie im zweiten, nur ohne Blüten

c) Am Boden erscheint eine Blattrosette

352. Vor was sollen die Brennhaare an den Blättern der Brennnessel schützen?

a) Vor Infektionen

b) Vor Tierfraß

c) Vor Menschen

353. Welche Bezeichnung trifft auf Gladiolenblätter am besten zu?

a) Sie sind herzförmig

b) Sie sind schwertförmig

c) Sie sind rund

354. Woher hat das Tränende Herz seinen Namen?

a) Von seinen Blüten

b) Von seinen Blättern

c) Von seiner Wurzel

355. Wie viele Fuchsiensorten wurden inzwischen gezüchtet?

a) Ungefähr 100

b) Ungefähr 1 000

c) Ungefähr 10 000

356. Was ist so „fett" an der Fetten Henne?

a) Ihre Blätter
b) Ihre Wurzeln
c) Ihre Blüten

357. Woher hat die Nachtkerze ihren Namen?

a) Die Blüten leuchten hell wie eine Kerze
b) Der Stil ist so dünn wie eine Kerze
c) Die Blüten öffnen sich erst bei Nacht

358. Welche Höhe können Sonnenblumen erreichen?

a) 1 m
b) 2 m
c) 3 m

359. Der Name „Aster" vergleicht die Blume mit einem Himmelskörper. Mit welchem?

a) Mit der Sonne
b) Mit einem Stern
c) Mit dem Mond

360. An welches Körperteil des Menschen erinnert die Form der Laubblätter der Spinnenblume?

a) An eine Hand
b) An einen Kopf
c) An einen Fuß

BÄUME

Abendländischer Lebensbaum

Der Abendländische Lebensbaum, der auch Thuja genannt wird, ist bei uns eine beliebte Heckenpflanze. Vorsicht, er ist giftig!

361. Was ist der Lebensbaum?

- a) Ein Nadelbaum
- b) Ein Laubbaum
- c) Ein Baumfarn

362. Wo liegt die Heimat dieses immergrünen Baums?

- a) Im Süden Europas
- b) Im Westen Chinas
- c) Im Osten Kanadas

 ### Schon gewusst?

In seiner Heimat bildet der Abendländische Lebensbaum undurchdringliche Wälder entlang der Flüsse. Wenn du seine Zweige zerreibst, duften sie nach Äpfeln und Gewürznelken.

Apfelbaum

Äpfel, die Früchte des Apfelbaums, sind das wohl bekannteste und beliebteste Obst bei uns.

363. Wie viele verschiedene Apfelsorten gibt es allein in Deutschland?

a) Ungefähr 170
b) Knapp 850
c) Rund 1 500

364. Wie endet dieser bekannte Spruch über Äpfel: One apple a day ...

a) ... lets the children play
b) ... keeps the doctor away
c) ... is for your heart okay

 Schon gewusst?

In den über 3 000 Jahre alten Pfahlbauten aus der Jungsteinzeit wurden Reste von Wildäpfeln gefunden. Schon damals verspeisten die Menschen die zu der Zeit noch faden, sauren Früchte.

Eibe

Obwohl die heimische Eibe ein Nadelbaum ist, bildet sie anstelle von Zapfen leuchtend rote Scheinbeeren aus. Sie ist giftig.

365. Was wurde früher aus dem harten Eibenholz gefertigt?

a) Musikinstrumente
b) Kutschenräder
c) Bogen und Armbrust

366. Wie alt ist die älteste Eibe Deutschlands?

a) Über 800 Jahre
b) Über 500 Jahre
c) Über 200 Jahre

 ### Schon gewusst?

Holz, Blätter und Samen der Eibe sind sehr giftig. Ungiftig sind nur die roten Mäntel der Früchte, die die dunklen Samen umhüllen.

Esche

Mit einer Wuchshöhe von bis zu
40 Metern gehört die Esche mit
den langen, gefiederten Blättern zu
den höchsten Laubbäumen bei uns.

367. Welche **Art** von Früchten bildet
die Esche aus den kleinen **Blüten**?

a) Nussfrüchte
b) Beerenfrüchte
c) Steinobst

368. Wie schnell kann eine Esche an hellen
Plätzen mit genügend Platz wachsen?

a) Bis zu 50 cm im Jahr
b) Bis zu 1,5 m im Jahr
c) Bis zu 1,5 m im Monat

 Schon gewusst?

Aus dem elastischen Holz der Eschen werden
Sportgeräte wie zum Beispiel Skier und Schlitten,
aber auch die Stiele von Beilen, Hacken, Schaufeln
und anderen Werkzeugen hergestellt.

Esskastanie

Ess- oder Edelkastanien sind auffällige Laubbäume, deren Früchte die schmackhaften Maronen sind.

369. Wer brachte die Esskastanie über die **Alpen** zu uns?

a) Die Spanier
b) Die Römer
c) Die Griechen

370. Was ist das Besondere bei den Hüllen der Maronenfrüchte?

a) Sie sind knallrot
b) Sie duften nach Honig
c) Sie tragen unzählige Stacheln

 Schon gewusst?

Esskastanien gedeihen bei uns nur in milden Regionen mit Weinbauklima. Die Bäume blühen erst im Juni, die Maronen brauchen drei Monate, bis sie reif sind.

Europäische Lärche

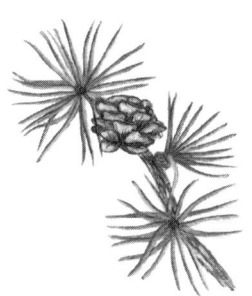

Die Lärche mit ihren weichen, büscheligen Nadelblättern ist ein Nadelbaum der Hochgebirgswälder.

371. Welche für einen Nadelbaum untypische Eigenschaft hat die Lärche?

a) Im Herbst wirft sie ihre Blätter ab

b) Ihre Blätter ähneln Laubblättern

c) Statt Zapfen bildet sie Beerenfrüchte

372. Welche Qualität hat Lärchenholz?

a) Es ist sehr weich

b) Es ist sehr harzreich

c) Es ist sehr leicht

 Schon gewusst?

Lärchen können bis zu 600 Jahre alt werden und erreichen dann Wuchshöhen von bis zu 54 m. Sie blühen zum ersten Mal im Alter von 15 bis 60 Jahren.

Gemeine Fichte

Die Gemeine Fichte mit den stechend spitzen Nadelblättern wird bis zu 50 Meter hoch.

373. Welchen Rekord hält die Fichte in Mitteleuropa?

a) Sie ist die älteste Baumart
b) Sie ist die am höchsten wachsende Baumart
c) Sie ist die häufigste Baumart

374. Wie befinden sich die Zapfen der Fichte an den Ästen?

a) Herabhängend
b) Aufrecht stehend
c) Waagerecht

 Schon gewusst?

Die Fichte wird auch der Brotbaum im deutschen Forst genannt, weil sie schnell wächst und wie Brot die Grundbedürfnisse der Waldbesitzer stillt.

Ginkgo

*Der Ginkgo mit seinen fächer-
förmigen Blättern ist die letzte
überlebende Baumart einer
sehr alten Pflanzengruppe.*

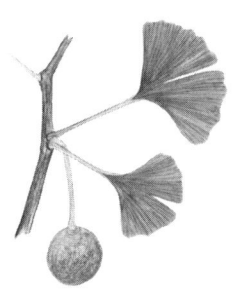

**375. Welche Urzeittiere konnten sich
schon von Ginkgoblättern ernähren?**

a) Dinosaurier

b) Mammuts

c) Urpferde

376. Wonach stinken die reifen Früchte des Ginkgos?

a) Nach Käsefüßen

b) Nach Rosenblüten

c) Nach verbranntem Gummi

 Schon gewusst?

Während der Eiszeiten starb der Ginkgo bei uns aus. Er
überlebte nur in China. Von dort brachten niederländische
Seefahrer den Baum vor rund 300 Jahren wieder zu uns.

Hainbuche

Die heimische Hainbuche ist ein mittelgroßer Laubbaum in Wäldern, Parks und Gärten.

377. Wie sehen die Blätter der Hainbuche aus?

a) Wie eine fünffingrige Hand
b) Wie gefaltet
c) Wie Löwenzähne

378. Welcher Vogel ernährt sich von den Nussfrüchten der Hainbuche?

a) Amsel
b) Buntspecht
c) Kernbeißer

 Schon gewusst?

Das schwere Holz der Hainbuche wird heute kaum noch genutzt – früher wurden daraus Zahnräder und Webstühle hergestellt.

Hängebirke

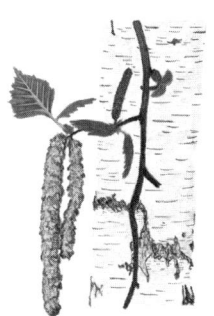

Die anspruchslose Hängebirke besiedelt als Pionierbaum rasch freie Flächen, auch in Regenrinnen und Balkonkästen.

379. Welche Jahreszeit wird gern durch die Birke symbolisiert?

a) Frühling

b) Sommer

c) Herbst

380. Was wurde bis ins Mittelalter aus der Birkenrinde gewonnen?

a) Gerbstoffe für Leder

b) Ein fiebersenkendes Heilmittel

c) Klebstoff für viele Zwecke

 Schon gewusst?

Die Hängebirke ist vor allem wegen der großen Mengen an Pollen bekannt, die sie im Frühling freisetzt und auf die empfindliche Menschen mit Heuschnupfen reagieren.

381. Auf der Rinde der Douglasie befinden sich Beulen. Womit sind diese Beulen gefüllt?

a) Mit Wasser

b) Mit Harz

c) In den Beulen befindet sich nichts

382. Vor allem im Osten Deutschlands schnitzte man Kerben in die Rinde der Waldkiefer, um einen Rohstoff zu gewinnen. Welchen?

a) Wasser

b) Harz

c) Rinde

383. Wo vermutest du die Heimat der Weymouth-Kiefer, die es in Europa ursprünglich nicht gab?

a) In Sibirien

b) In Afrika

c) In Nordamerika

384. Wie sieht die „Spitze" einer alten Weißtanne aus?

a) Buschig

b) Spitz

c) Stumpf

385. Welche zwei Flüssigkeiten fließen in den Blattadern des Bergahorns?

a) Blut und Harz

b) Wasser und Nährstoffe

c) Harz und Wasser

386. Die Blätter der drei heimischen Ahornarten unterscheiden sich in ihrer Größe und Form. Woran ist der Feldahorn zu erkennen?

a) Der Feldahorn hat die kleinsten Blätter
b) Der Feldahorn hat die größten Blätter
c) Die Ränder der Feldahorn-Blätter sind gezackt

387. Auch reife Wildäpfel des Wilden Apfelbaums haben oft „rote Bäckchen". Wie schmeckt ein Wildapfel?

a) Lecker und süß
b) Herb-sauer
c) Fruchtig und erfrischend

388. Wie oft trägt eine alte Rotbuche so viele Früchte, dass man von einem „Schüttjahr" spricht?

a) Alle 10 bis 20 Jahre
b) Alle 2 Jahre
c) Alle 5 bis 7 Jahre

389. Woher hat die Roteiche ihren Namen?

a) Von ihren roten Früchten
b) Von der Herbstfärbung ihrer Blätter
c) Von der Farbe des Stamms

390. In unseren Wäldern werden Eichen meistens gefällt, wenn sie 200 bis 250 Jahre alt sind. Wie alt können sie werden, wenn man sie wachsen lässt?

a) 1 000 Jahre
b) 500 Jahre
c) 750 Jahre

Haselnuss

Die Hasel ist ein sommergrüner, zwei bis fünf Meter hoher Strauch mit fein behaarten Blättern.

391. Was entsteht in den auffälligen Blütenkätzchen?

a) Nüsse
b) Pollen (Blütenstaub)
c) Samen

392. Wann wird die Haselnuss reif?

a) Im Juli/August
b) Im August/September
c) Im September/Oktober

Schon gewusst?

Schon in der Steinzeit haben sich die Menschen bei uns von Haselnüssen ernährt, wie Schalenfunde in Feuerstellen und Behausungen zeigen.

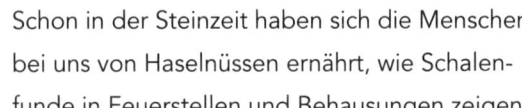

Kiefer

An den langen Nadelblättern, die stets zu mehreren in einem Büschel beisammenstehen, erkennst du die Kiefer.

393. Wozu benutzten die Menschen im Mittelalter Späne aus Kiefernholz?

a) Als Zahnstocher

b) Zum Stricken

c) Als Beleuchtung

394. Welches Tier im Hochgebirge ernährt sich vor allem von den Zirbelnüssen der Zirbelkiefern?

a) Tannenhäher

b) Gämse

c) Schneehuhn

 Schon gewusst?

Nach der Eiszeit waren große Flächen Mitteleuropas mit den anspruchslosen Waldkiefern bedeckt. Wie die Birke ist sie ein Pioniergehölz, das rasch freie Flächen besiedelt.

Linde

Früher stand in vielen Dörfern eine Linde, unter der sich die Menschen zum Feiern, Tanzen und zu Gerichtsverhandlungen getroffen haben.

395. Welche Form haben die Blätter der Linden?

a) Sie sind eiförmig
b) Sie sind herzförmig
c) Sie sind kreisrund

396. Wozu werden die Lindenblüten verwendet?

a) Als Malerfarbe
b) Als Dekoration
c) Als schweißtreibender Tee

 Schon gewusst?

Aus den Blüten entwickeln sich kleine kugelige Früchte, die mithilfe des langen Tragblatts weit fliegen können.

Magnolie

Dank der großen, hübschen Blüten sind Magnolien ein beliebtes Ziergehölz in Parks und Gärten.

397. Welche Insekten bestäuben die Blüten?

a) Bienen
b) Schmetterlinge
c) Käfer

398. Wo liegt die Heimat der heutigen Magnolien?

a) In Ostasien und Amerika
b) In Afrika und Indonesien
c) In Südamerika und Australien

 Schon gewusst?

Magnolien gehören zu den ältesten Blüten-pflanzen der Erde. Es gibt sie schon seit der Kreidezeit vor über 95 Millionen Jahren.

Pappel

Schwarzpappeln wachsen häufig am Ufer von Bach, Fluss und Teich, Zitterpappeln in lichten Wäldern und am Waldrand.

399. Wie weit können die watteähnlichen Samen der Pappeln fliegen?

a) Bis zu 1,5 km
b) Bis zu 15 km
c) Bis zu 150 km

400. Was zittert bei der Zitterpappel?

a) Die Blätter
b) Der Stamm
c) Die Früchte

 Schon gewusst?

Von den Blättern der ökologisch wertvollen Pappeln ernähren sich zahlreiche Insekten, darunter die Raupen des Pappelschwärmers.

Platane

Die Platane mit ihren ahorn-ähnlichen Blättern wird gern in Parks, auf Plätzen und entlang von Straßen gepflanzt.

401. Woran erkennst du sofort die Rinde der Platane?

a) An der violetten Farbe
b) An den sich ablösenden Platten
c) An den langen Stacheln

402. Wie sehen die lang gestielten Früchte aus?

a) Wie Äpfel
b) Wie Erdbeeren
c) Wie stachelige Kugeln

 Schon gewusst?

Platanen vertragen Schnittmaßnahmen sehr gut – darum werden sie über Plätzen in Städten gern zu flachen, schirmartigen Kronendächern geschnitten.

Riesen-mammutbaum

Die in Kalifornien heimischen Riesenmammutbäume mit den spitzen Schuppenblättern gehören zu den größten Bäumen der Erde.

403. Wie alt sind die ältesten Riesen-mammutbäume der Welt?

a) Über 700 Jahre
b) Über 1 200 Jahre
c) Über 2 800 Jahre

404. Welchen Umfang hat der Stamm von „General Sherman", einem der ältesten Riesenmammutbäume?

a) Rund 10 m
b) Etwa 18 m
c) Über 24 m

 Schon gewusst?

In Baden-Württemberg stehen einige Riesen-mammutbäume, deren Samen Botaniker von ihren Reisen nach Kalifornien mitgebracht haben.

Robinie

In Parks und an Straßenrändern werden gern die Robinien mit ihren weißen, duftenden Blüten- trauben angepflanzt.

405. Wo ist die Heimat der Robinien?

a) In Südeuropa

b) In Vorderasien

c) In Nordamerika

406. Welche Tiere besuchen gern die Blüten der Robinien?

a) Schmetterlinge

b) Bienen

c) Wespen

 Schon gewusst?

Aus den hübschen Blüten entwickeln sich bohnenähnli- che Hülsenfrüchte. Doch Vorsicht, dieser Baum ist giftig!

Rosskastanie

Die bis zu 25 Meter hohen Ross-
kastanien tragen im Frühjahr
auffallende Blütenkerzen, die aus
vielen weißen Blüten bestehen.

407. Aus wie vielen Einzelblättchen setzt
sich das handförmige Laubblatt der
Rosskastanie zusammen?

a) Aus 3 – 5
b) Aus 5 – 7
c) Aus 7 – 9

408. Wann blühen Rosskastanien?

a) Schon im März
b) Im April und Mai
c) Erst im August

 Schon gewusst?

Rosskastanien kamen im 16. Jahrhundert von der Türkei
nach Wien. Dort erhielt dieser Baum seinen Namen, da
die Kastanienfrüchte an Pferde (Rösser) verfüttert wurden.

Rotbuche

Die Rotbuche ist ein großer Laubbaum, den du an den eiförmigen Blättern und der glatten grauen Rinde erkennst.

409. Wie heißen die dreieckigen Früchte der Rotbuche?

a) Bucheckern

b) Bucheicheln

c) Buchennüsse

410. Was wird aus dem hellen Buchenholz gemacht?

a) Boote

b) Spielzeug

c) Weinfässer

 Schon gewusst?

In unseren Wäldern ist die Rotbuche der häufigste Laubbaum. Früher trieb man Schweine in die Buchenwälder, damit die Tiere von den Bucheckern satt wurden.

411. Wie sehen die Blätter der Grauerle aus?

a) Oval
b) Kreisrund
c) Eiförmig

412. Wovon werden die Ebereschen bestäubt?

a) Von Vögeln
b) Von Insekten
c) Vom Wind

413. Wie kommt der Faulbaum zu seinem Namen?

a) Die Rinde riecht faul
b) Seine Früchte verfaulen sehr schnell
c) Er trägt wenige Blätter

414. Die Ruten der Korbweide eignen sich vorzüglich für Flechtarbeiten. Warum?

a) Sie sind sehr dünn
b) Sie sind sehr biegsam
c) Sie sind sehr lang

415. Wie lang sind die männlichen Blütenkätzchen der Zitterpappel?

a) 2 cm
b) 5 cm
c) 10 cm

416. In welchem europäischen Land ist die Stechpalme als Weihnachtsschmuck besonders beliebt?

a) In Italien
b) In Finnland
c) In Großbritannien

417. Man findet Traubenkirschen als Sträucher und als kleine Bäume. Wie hoch können sie maximal werden?

a) Bis zu 5 m
b) Bis zu 10 m
c) Bis zu 15 m

418. Welches Säugetier freut sich sehr über die herabgefallenen reifen Kirschen der Vogelkirsche?

a) Die Spitzmaus
b) Das Reh
c) Der Fuchs

419. Wie verbreiten sich die Samen des Buchsbaums?

a) Durch den Wind
b) Durch Ameisen
c) Durch Bienen

420. Welche Farbe haben die Blüten des Roten Hartriegels?

a) Weiß
b) Rot
c) Blau

Sanddorn

Dieser sommergrüne Strauch mit den dornigen Zweigen kommt natürlicherweise an Meeresküsten, Flussufern und felsigen Gebirgshängen vor.

421. Wie werden die orangefarbenen Sanddornfrüchte auch genannt?

a) Orangen der Küste
b) Zitronen des Nordens
c) Mandarinen am Stachelstrauch

422. Warum wird Sanddorn gern an Straßenrändern gepflanzt?

a) Weil ihm Verkehrslärm nichts ausmacht
b) Weil er salzigen Boden verträgt
c) Weil er die Luft reinigt

 Schon gewusst?

Sanddornfrüchte sind ein kostbares Heilmittel, das zu wundheilenden und Sonnenbrand lindernden Salben verarbeitet wird.

Schwarzer Holunder

Der Schwarze Holunder gehört zu den häufigsten Sträuchern am Waldrand, im Feldgehölz und in Gärten.

423. Warum wurde früher bei jedem Haus ein Holunder gepflanzt?

a) Zum Ernten der Früchte

b) Als Schutzpflanze

c) Als Heilpflanze

424. Welche Behauptung über die Holunderbeeren ist richtig?

a) Sie sind ungekocht leicht giftig

b) Sie duften intensiv nach Rosen

c) Sie sind innen ganz weiß

 Schon gewusst?

Aus den cremeweißen duftenden Blüten wird Holunderblütensirup gekocht, aus den Beeren Gelee, Saft und Marmelade.

Schwarzerle

Die heimische Schwarzerle mit den rundlichen Blättern kommt an Ufersäumen und in den Au-wäldern entlang der Flüsse vor.

425. Wozu wurde früher die Borke der Schwarzerle verwendet?

a) Zum Färben von Stoffen
b) Zur Herstellung von Klebstoff
c) Als Brennholz

426. Wie sehen die Früchte der Erle aus?

a) Wie Bucheckern
b) Wie Kastanien
c) Wie Nadelbaumzapfen

 Schon gewusst?

Anders als viele Bäume vertragen es die Wurzeln der Erlen, wenn sie ständig im Wasser stehen – und auch Überschwemmungen machen ihnen nichts aus.

Spitzahorn

Der heimische Spitzahorn besitzt recht große fünf- bis siebenlappige Blätter mit spitzen Zähnen.

427. **Wer bestäubt die gelbgrünen Blüten, die zu vielen beisammenstehen?**

   a) Der Wind

   b) Schmetterlinge

   c) Bienen

428. **Welche Früchte trägt der Ahorn?**

   a) Nüsse

   b) Beeren

   c) Steinfrüchte

 Schon gewusst?

Aus dem Saft des kanadischen Zuckerahorns wird der süße Ahornsirup hergestellt.

Stieleiche

Mit ihrer unregelmäßigen Krone aus starken, gedrehten Ästen wirken ältere Stieleichen sehr knorrig.

429. In welchem Alter blüht eine Eiche zum ersten Mal in ihrem Leben?

a) Mit rund 10 Jahren
b) Mit rund 25 Jahren
c) Mit rund 60 Jahren

430. Welche Stadt ist auf Eichenholzstämmen errichtet?

a) Amsterdam
b) Venedig
c) Hamburg

Schon gewusst?

Eichen gehören zu den ältesten Bäumen Europas. Sie können 1 000 Jahre und älter werden. Die älteste Eiche Europas ist zwischen 1 400 und 2 000 Jahre alt.

Ulme

Ulmen sind sommergrüne Bäume, bei deren unsymmetrischen Blättern eine Hälfte größer ist als die andere.

431. Wie heißt das wertvolle Holz der Ulmen?

a) Teak
b) Rüster
c) Fichte

432. Wer verbreitet die geflügelten Nussfrüchte der Ulmen?

a) Der Wind
b) Vögel
c) Eichhörnchen

Schon gewusst?

 Vor 100 Jahren wurde ein Pilz aus Ostasien bei uns eingeschleppt. Da er seitdem viele Ulmen befallen hat, wurde er „Ulmensterben" genannt.

Vogelbeere

Die Vogelbeere ist ein bis zu 20 Meter hoher Baum, dessen Früchte gern von Vögeln gefressen werden.

433. Wie wird die Vogelbeere auch noch genannt?

- a) Hollerstrauch
- b) Mehlbeere
- c) Eberesche

434. Welche Farbe haben die Blüten der Vogelbeere?

- a) Weiß
- b) Rot
- c) Gelb

 Schon gewusst?

Im Herbst sind die orangefarbenen Früchte noch sehr bitter. Erst nach einigen frostigen Tagen werden sie süß – dann ernten Vögel die Früchte.

Walnuss

Mit den Römern kam der Walnussbaum mit seinen schmackhaften Nussfrüchten über die Alpen zu uns.

435. Wie sieht die grüne, kugelige Schale der Walnussfrüchte aus?

a) Ganz glatt

b) Sehr stachelig

c) Fein gerippt

436. Was passiert mit den Händen, wenn man unreife Walnüsse schält?

a) Es brennt

b) Sie werden braun gefärbt

c) Sie platzen rissig auf

 Schon gewusst?

Unter einem Walnussbaum wachsen kaum andere Pflanzen, denn Substanzen im Walnusslaub unterdrücken ihr Wachstum.

Weide

Weil Weiden feuchten Boden mögen, gedeihen sie meist am Ufer von Bächen, Flüssen, Teichen und Seen.

437. Für welche Tiere ist die Weide im Frühjahr sehr wichtig?

a) Für Meisen
b) Für Maikäfer
c) Für Hummeln

438. Welches Medikament stellten die Menschen schon früher aus Weidenrinde her?

a) Kreislaufmittel
b) Schmerzmittel
c) Wundheilungsmittel

 Schon gewusst?

Aus den biegsamen Ruten von Weiden werden seit jeher Körbe, Stühle und andere Gegenstände geflochten.

Weißtanne

Die Weißtanne ist ein Nadel-
baum mit weichen Nadelblättern,
der in den Mittelgebirgen und
Alpen dichte Tannenwälder bildet.

439. Wozu gehört die Weißtanne?

a) Zu den höchsten Bäumen bei uns
b) Zu den häufigsten Bäumen bei uns
c) Zu den beliebtesten Bäumen bei uns

440. Welcher Satz über die Tannenzapfen stimmt?

a) Sie fallen als Ganzes vom Baum ab
b) Sie sind eine beliebte Kost der Eichhörnchen
c) Sie stehen wie Kerzen am Baum

 Schon gewusst?

Für Tannenhonig sammeln Bienen nicht
den Nektar von Blüten, sondern die süßen
Ausscheidungen der Blattläuse im Tannenwald.

441. Wie nennt man den Faulbaum noch?

a) Festholz
b) Weichbaum
c) Pulverbaum

442. Der wissenschaftliche Name des Flieders lautet „Syringia". Woher stammt dieser?

a) Aus dem Griechischen
b) Aus dem Italienischen
c) Aus dem Französischen

443. Beim Kirschlorbeer sitzen die Nektarien, die den Nektar liefern, auf der Blattunterseite und nicht wie meist in den Blüten. Wieso?

a) Um hauptsächlich Bienen anzulocken
b) Um hauptsächlich Raupen anzulocken
c) Um hauptsächlich Ameisen anzulocken

444. Wie schmecken Quitten im rohen Zustand?

a) Bitter. Das Fruchtfleisch ist hart
b) Süß. Das Fruchtfleisch ist mehlig
c) Sauer. Das Fruchtfleisch ist weich

445. Wie groß wird ein Bergahorn?

a) 10 bis 20 m
b) 20 bis 30 m
c) 30 bis 40 m

446. Woher stammt der Essigbaum?

   a) Aus Nordamerika

   b) Aus Afrika

   c) Aus Asien

447. Welche Farbe haben die
Früchte des Schwarzdorns?

   a) Gelb

   b) Rot

   c) Blau

448. Wie alt kann die Winterlinde werden?

   a) Über 100 Jahre

   b) Über 1 000 Jahre

   c) Über 10 000 Jahre

449. Wie wird das Pfaffenhütchen noch genannt?

   a) Spindelstrauch

   b) Strickstrauch

   c) Häkelstrauch

450. Im Jahr kann der Chinesische Götterbaum ...

   a) ... bis zu 1 m wachsen

   b) ... bis zu 2 m wachsen

   c) ... bis zu 3 m wachsen

LÖSUNGEN

!!! LÖSUNGEN

1 c) ist richtig.

Die Böcke erheben sich auf ihre Hinterbeine und schlagen dann ihre Hörner mit großer Wucht ineinander. Dieser Schlag ist oft über weite Strecken hinweg hörbar.

2 a) ist richtig.

Sie springen, sich jeweils kraftvoll abstoßend, in schneller Folge von einer Seite zur anderen.

3 a) ist richtig.

In nur einer Nacht fällt ein Biber einen Baum mit einem Stammdurchmesser von 40 cm. Dabei nagt er den Stamm rundherum an, bis er umfällt.

4 c) ist richtig.

Die riesigen Nagezähne des Bibers sind orangerot bis kastanienbraun. Wie bei Mäusen und Hasen wachsen sie ständig nach.

5 a) ist richtig.

Die Bisamratte wurde bei uns aus Nordamerika zur Pelzzucht eingeführt. Doch viele Tiere entkamen und vermehrten und verbreiteten sich.

6 b) ist richtig.

An den Zehen der Hinterfüße befinden sich sogenannte Schwimmborsten. Dadurch vergrößert sich die Fläche der Zehen und die Bisamratte kann besser damit paddeln.

7 b) ist richtig.

Ein Braunbär kann viel schneller laufen als ein Mensch. Außerdem ist er ein guter Schwimmer und geschickter Kletterer.

8 c) ist richtig.

Meistens werden im Winter zwei Junge geboren, die in etwa die Größe einer Ratte haben.

9 b) ist richtig.

Eine Dachsfamilie besteht aus einigen erwachsenen Männchen, Weibchen und den Jungen aus ein oder zwei Würfen. Somit leben bis zu 15 Tiere in dem weitläufigen Dachsbau unter der Erde.

10 c) ist richtig.

Bis zu 100 kg Regenwürmer frisst ein Dachs in einem Jahr, das sind über 15 000 Würmer. Zum Glück leben in einem Hektar Waldboden bis zu vier Tonnen Regenwürmer.

11 b) ist richtig.

Mit 500 g Gewicht ist ein Eichhörnchen so schwer wie zwei Päckchen Butter. Von der Schnauzenspitze bis zum Hinterteil misst es etwas mehr als 20 cm, sein Schwanz ist 15 bis 20 cm lang.

12 b) ist richtig.

Anders als die leuchtend rotbraunen Eichhörnchen unserer Laubwälder sind die Tiere, die in dunklen Nadelwäldern leben, schwarz gefärbt. Dadurch sind sie in ihrem Lebensraum gut getarnt.

13 c) ist richtig.

Als Schutz vor Fressfeinden. Ohne Eigengeruch können sie nicht von Füchsen oder Mardern aufgespürt werden.

14 b) ist richtig.

Zum Ausruhen sucht der Feldhase eine Mulde im hohen Gras auf, die sogenannte Sasse. Zuvor entleert er seinen Darm. Deshalb liegen in der Nähe der Sasse kleine Kothaufen.

15 c) ist richtig.

Schon drei Wochen alte Jungtiere können sich fortpflanzen. Die Tragzeit beträgt bei den Feldmäusen nur drei Wochen und in einem Wurf kommen bis zu 12 Junge auf die Welt.

16 a) ist richtig.

Mit 4 cm ist der Schwanz der Feldmaus relativ kurz. Die Hausmaus dagegen besitzt einen etwa körperlangen, relativ dicken Schwanz.

17 c) ist richtig.

Insgesamt schützen 80 bis 100 Millionen Haare den Fischotter vor Wärmeverlust. Das sind bis zu 80 000 Haare pro Quadratzentimeter. Der Mensch hat gerade einmal 300 Haare auf der gleichen Hautfläche.

18 a) ist richtig.

Der Fischotter vertilgt kleinere Fische, Krebse oder Frösche, indem er sich an der Wasseroberfläche auf den Rücken legt. Dabei hält er seine Beute mit den Händen fest. Größere Beute vertilgt er an Land.

19 c) ist richtig.

Ihre Beutetiere sind nachts unterwegs. Viele Kleintiere nutzen die höhere Luftfeuchtigkeit der Nacht aus und krabbeln aus ihren Verstecken.

20 a) ist richtig.

Sie bilden eine Karawane. Das erste Junge beißt sich am Schwanz der Mutter fest, alle anderen Jungtiere tun dasselbe bei ihrem Vordermann.

21 c) ist richtig.

Bis zu 40 l Milch gibt eine Milchkuh am Tag. Dabei geben die schwarzbunten Arten besonders viel Milch. Jeden Tag benötigen sie 50 bis 80 kg Grünfutter und Wasser.

22 b) ist richtig.

Spitzmäuse haben einen unangenehmen Geruch, den Katzen nicht mögen. Deshalb lassen sie die toten Spitzmäuse einfach liegen.

23 a) ist richtig.

Die Hausmaus wiegt bei der Geburt etwa 1 g, während es eine ausgewachsene Hausmaus auf 20 bis 30 g bringt. Bei jedem Wurf werden 3 bis 10 Jungen geboren.

24 a) ist richtig.

Der Maulesel hat einen Esel als Mutter und ein Pferd als Vater. Das etwas kräftigere Maultier hat ein Pferd als Mutter und einen Esel als Vater. Sowohl Maulesel als auch Maultier können keine Nachkommen bekommen oder zeugen.

25 a) ist richtig.

Ein ängstlicher Hund klemmt seinen Schwanz zwischen den Hinterbeinen ein. Wenn er dich begrüßen oder mit dir spielen will, wedelt er mit dem Schwanz.

26 c) ist richtig.

Alle Hauskaninchen, vom kleinsten Zwerghasen bis zum größten Riesenkaninchen, stammen vom Wildkaninchen ab. Sie sind keine Hasen, denn Hasen, die Einzelgänger sind, könnten nie zu mehreren in einem Stall gehalten werden.

27 b) ist richtig.

Macht eine Katze einen Buckel, so will sie in Ruhe gelassen werden. Meist faucht sie auch dabei. Fass sie dann nicht an, sonst könnte sie dich kratzen.

28 b) ist richtig.

Für 3 bis 4 Pullover reicht die Wolle eines Schafs. Frisch geschoren wiegt sie 3 bis 4 kg. Schafe werden einmal pro Jahr vor dem Hochsommer geschoren.

29 b) ist richtig.

Ein gelernter Schafscherer schert in einer Stunde rund 12 Schafe. Vielleicht kannst du ja beim nächsten Scheren im Sommer einmal zuschauen.

30 c) ist richtig.

Ein Bad im Schlamm kühlt die Schweine bei großer Hitze. Außerdem vertreiben sie dabei lästiges Ungeziefer wie Zecken oder Flöhe aus ihrem Fell.

31 c) ist richtig.

Der Abendsegler gilt als die schnellste heimische Fledermaus mit einer Fluggeschwindigkeit von bis zu 50 km/h. Die meisten anderen Fledermausarten erreichen nur Spitzengeschwindigkeiten von 15 km/h.

32 b) ist richtig.

Der Große Abendsegler zieht im Herbst nach Südwesten und sucht dort sein Winterquartier auf. Dabei legt er bis zu 1 600 km zurück.

33 c) ist richtig.

Igel überwintern gern in Laubhaufen. Ihren Unterschlupf polstern sie mit Laub aus.

34 a) ist richtig.

Er attackiert sie pausenlos, bis sie ermüdet. Dabei schützen ihn seine aufgestellten Stacheln vor den Bissen der Schlange.

35 c) ist richtig.

Kegelrobben können bis in 300 m Tiefe tauchen und dabei 20 Minuten lang die Luft anhalten.

36 b) ist richtig.

Männliche Kegelrobben können bis zu 220 kg schwer und 230 cm lang werden und sind damit wesentlich größer als Seehunde.

37 a) ist richtig.

Sein Ruhelager hat der Luchs in Höhlen und Felsspalten. Manchmal ruht er unter dem Wurzelteller vom Wind umgeworfener Bäume.

38 b) ist richtig.

Der Luchs kann sehr gut hören. Seine Haarbüschel an den Ohren fangen die feinsten Geräusche aus einer Entfernung von bis zu 1 km auf.

39 c) ist richtig.

Der Europäische Maulwurf ist der beste „Buddler" unter den Säugetieren. Er gräbt täglich einen bis zu 20 m langen unterirdischen Gang. Dabei frisst er alle Würmer und Schnecken, die ihm begegnen.

40 b) ist richtig.

Von Zeit zu Zeit muss der Maulwurf die Erde entsorgen, die er beim Graben seiner weitläufigen Tunnelsysteme vor sich herschiebt. Er drückt dann die Erde einfach nach oben durch den Erdboden.

41 a) ist richtig.

Bei den männlichen Jungtieren bilden sich Hörner, die dann mit der Zeit zu den großen, eingedrehten Hörnern auswachsen. Den weiblichen Tieren wachsen nur sehr kleine oder gar keine Hörner.

42 b) ist richtig.

Mufflons können gut sehen und riechen.

43 b) ist richtig.

Um die anderen Murmeltiere vor einer Gefahr zu warnen. Dabei haben sie verschiedene Pfiffe für Luft- (Adler) und Bodenfeinde (Fuchs und Mensch).

44 c) ist richtig.

Mit der Nahrungsaufnahme. Murmeltiere müssen sich für den sechsmonatigen Winterschlaf ein Fettpolster anfressen.

45 b) ist richtig.

Durch das weiße Hinterteil können Rehe ihren fliehenden Artgenossen leichter folgen. Nur in der Gruppe haben die Tiere eine Chance, Feinden zu entkommen.

46 c) ist richtig.

Das Rehkitz hat keinen Eigengeruch. Wenn es in seinem tarnfarbenen Fell allein im hohen Gras liegt, kann ein feindlicher Fuchs es weder sehen noch riechen.

47 c) ist richtig.

Wenn es im Winter sehr kalt wird, deckt sich der Fuchs mit seinem buschigen Schwanz zu wie mit einer Winterdecke.

48 b) ist richtig.

Junge Füchse haben zunächst blaue Augen. Erst im Alter von vier bis fünf Wochen werden ihre Augen bernsteingelb.

49 a) ist richtig.

Ein ausgewachsener Rothirschbulle wiegt bei einer Länge von bis zu 2,5 m und einer Schulterhöhe von etwa 1,5 m rund 300 kg. Die Weibchen sind kleiner und leichter.

50 c) ist richtig.

Zur Paarungszeit im Herbst tönt das Röhren des Rothirschs durch den Wald. Er warnt damit andere Männchen davor, seinen Weibchen zu nahe zu kommen.

51 b) ist richtig.

Schweine können hervorragend riechen. Sie nehmen den Geruch von Trüffelpilzen wahr, die verborgen im Erdreich an Baumwurzeln wachsen. Dann kann der Halter des Schweins diesen kostbaren Speisepilz ausgraben. 100 g Trüffelpilz – so viel wiegt eine Tafel Schokolade – kosten über 80 Euro.

52 b) ist richtig.

Das Hermelin trägt das Beutetier in ein Versteck, um dann erneut auf die Jagd zu gehen. Gefressen wird später.

53 b) ist richtig.

Über 200 Tiere wurden schon in einem Rattenrudel gezählt. Sie hausen gerne dort, wo menschliche Abfälle zu finden sind: auf Müllhalden, in Kanälen, Ställen und alten Kellern.

54 c) ist richtig.

Füchse paaren sich von Januar bis März. In dieser Zeit, die der Jäger Ranzzeit nennt, kannst du nachts häufig kläffende, knurrende und kreischende Laute hören.

55 b) ist richtig.

Damit eine Zwergspitzmaus überleben kann, muss sie täglich das Doppelte ihres Körpergewichts an Nahrung fressen. Das sind bei einer nur 4 g schweren Spitzmaus 8 g Insekten und deren Larven.

56 b) ist richtig.

Das Nashorn gehört wie das Pferd zu den Unpaarhufern. Alle Tiere dieser Gruppe treten nur mit der Spitze ihrer Mittelzehen auf. Diese sind sehr kräftig und mit einem hornigen Huf geschützt.

57 c) ist richtig.

1984 zogen die zwei Brauereipferde Monti und Captain von Hans Fäsi auf einem internationalen Turnier in Luzern 44 211 kg.

58 a) ist richtig.

Die Zwergfledermaus hat eine Kopf-Rumpf-Länge von nur 4 cm und wiegt mit 4 g so viel wie zwei Gummibärchen.

59 c) ist richtig.

Sobald eine Fledermaus mit dem Kopf nach unten hängt, blockieren die Sehnen an ihren Fußkrallen. Auch wenn sie schläft und ihre Muskulatur schlaff wird, kann sie keinesfalls abstürzen.

60 a) ist richtig.

Die Waldtiere bewegen sich stets auf bestimmten Pfaden zwischen Tränke, Fress- und Ruheplätzen hin und her wie Menschen auf Wegen und Straßen. Im Lauf der Zeit bilden sich so ausgetretene Trampelpfade durchs Gebüsch.

61 b) ist richtig.

Im Frühjahr verliert er das weiße Winterfell und das graubraune Sommerfell wächst nach. Im Spätsommer wird dieses dann wieder durch das warme Winterfell ersetzt.

62 c) ist richtig.

Bei Gefahr rennt der Schneehase mit 80 km/h davon und ändert zwischendurch abrupt die Richtung. Das nennt man Hakenschlagen.

63 a) ist richtig.

Der Schweinswal sendet wie Fledermäuse Schallwellen aus und ortet so seine Beute.

64 b) ist richtig.

Der Schweinswal wird bis zu 1,9 m lang. Meist bekommt man aber nur die kleine, dreieckige Rückenflosse zu sehen, wenn der Schweinswal zum Atmen an die Oberfläche kommt.

65 c) ist richtig.

Seehunde erreichen bei einer Größe von 1,5 bis 1,8 m ein Gewicht von bis zu 200 kg.

66 c) ist richtig.

Auf ihrer Jagd nach den täglich benötigten 5 kg Fisch tauchen Seehunde bis zu 20 Minuten lang. Dabei flitzen sie mit bis zu 35 km/h durchs Wasser.

67 b) ist richtig.

Der buschige Schwanz des Siebenschläfers ist 11 bis 15 cm lang und hilft ihm beim Klettern und Springen.

68 c) ist richtig.

Der Siebenschläfer schläft sieben Monate lang in seinem Nest und ist somit das Tier, das im Winter am längsten schläft.

69 b) ist richtig.

Steinmarder steigen sehr gerne in warme Motorräume und beißen dann aus Neugierde in Gummischläuche.

70 c) ist richtig.

Wenn ein Steinmarder Ausschau nach Beute hält, macht er Männchen. So ist er größer und hat einen besseren Überblick.

71 c) ist richtig.

Der Waschbär putzt seine Nahrung vor dem Fressen, indem er sie mit seinen Pfoten abreibt.

72 b) ist richtig.

Der Waschbär flüchtet auf einen Baum, auf den er blitzschnell und geschickt klettert. Dort kann ihm nur noch der Mensch oder in Amerika der Puma sowie der Jaguar gefährlich werden.

73 a) ist richtig.

In der Regel graben nur die Weibchen die Baue, die Männchen helfen sehr selten.

74 c) ist richtig.

Die Anführer der Kaninchengruppe beschützen den Bau und ihre Bewohner. Außerdem verteidigen sie das Revier gegen andere Kaninchengruppen.

75 c) ist richtig.

Junge Wildschweine heißen Frischlinge, weibliche Wildschweine Bachen und die Männchen Keiler.

76 a) ist richtig.

Sie reiben sich nach dem Wälzen im Schlamm an Baumstämmen.
So pflegen sie ihre Haut und ihr Fell und befreien sich von Zecken.

77 b) ist richtig.

Mit ihrem Heulen signalisieren Wölfe einem benachbarten Rudel,
dass das Revier besetzt ist. Außerdem fördert es den Zusammen-
halt der Gruppe und ruft zur gemeinsamen Jagd auf.

78 c) ist richtig.

Man nimmt an, dass Wölfe sich im Kot anderer Tiere wälzen, um
während der Jagd nicht nach Wolf zu riechen und so von ihrem
Beutetier nicht wahrgenommen zu werden.

79 c) ist richtig.

Die Flügelspannweite einer Fledermaus beträgt 19 cm.

80 a) ist richtig

Durch Echoortung. Sie stößt sehr hohe, für uns Menschen nicht
hörbare Rufe im Ultraschallbereich aus. Wenn diese Rufe auf ein
Beutetier prallen, werfen sie sein Echo zurück.

81 a) ist richtig.

Es sind zwei etwa 8 bis 10 cm lange Hufe. Der Hirsch gehört wie das Reh und das Wildschwein zu den Paarhufern unter den Huftieren. Bei ihnen besteht ein Fußabdruck aus einem Paar Hufen.

82 c) ist richtig.

Der Fuchs zieht gerne in verlassene Teile des unterirdischen Dachsbaus ein. Da er seine Nahrungsreste herumliegen lässt, ist er beim reinlichen Dachs als Mitbewohner nicht sehr beliebt.

83 a) ist richtig.

Das Wildschwein findet Nahrung, indem es den Boden mit seinem Rüssel durchwühlt. Dabei kann es auf Feldern großen Schaden anrichten, wenn es ganze Mais- oder Kartoffeläcker umpflügt.

84 c) ist richtig.

Im Herbst wiegt der Dachs bis zu 25 kg. Dann hat er sich genügend Fettreserven für die Zeit der Winterruhe angefressen. Seine Nahrung besteht aus Mäusen, Regenwürmern, Fröschen, Schnecken, Insekten, Früchten und Wurzeln.

85 b) ist richtig.

Auf leisen Sohlen pirscht sich ein Rotfuchs an die Maus heran und überwältigt sie mit einem einzigen, oft meterweiten Sprung.

86 b) ist richtig.

Elche können gut schwimmen und bis zu eine Minute lang unter Wasser bleiben.

87 a) ist richtig.

Die Haselmaus ist trotz ihres Namens keine echte Maus wie zum Beispiel die Hausmaus. Sie ist vielmehr nah mit dem Siebenschläfer verwandt. Beide gehören zu der Säugetiergruppe der Bilche. Haselmäuse leben im Wald und lieben Beeren und Nüsse aller Art.

88 c) ist richtig.

Delfine springen aus dem Wasser, um Hautparasiten wie Läuse und Seepocken abzuschütteln. Aber manchmal springen sie sicher auch aus Lust und Freude am Spielen.

89 c) ist richtig.

Robbenmilch ist die fetteste Milch mit über 40 % Fett. Sie ist dickflüssig, weil sie nur 40 % Wasser enthält. Kuhmilch besteht aus 3,8 % Fett und 90 % Wasser.

90 a) ist richtig.

Bisamratten graben tiefe Gänge in die Uferböschung und unterhöhlen Dämme und Deiche. So zerstören sie die Uferbefestigung von Kanälen und Flüssen. Wo solche Böschungen fehlen, legen Bisamratten kegelförmige, bis zu zwei Meter hohe Burgen aus Schilf und Binsen an, die im Wasser stehen.

91 a) ist richtig.

Die Amsel heißt auch Schwarzdrossel, da sie zu den Drosselvögeln gehört und das Männchen schwarz gefärbt ist.

92 c) ist richtig.

Mit lauten „Tix-tix-tix"-Rufen warnt die Amsel vor einer Gefahr, etwa vor einer Katze oder einem Greifvogel.

93 a) ist richtig.

Der Austernfischer ernährt sich vor allem von Muscheln. Er öffnet die Schalenhälften mit seinem langen Schnabel.

94 b) ist richtig.

Für den Austernfischer sind Ebbe und Flut wichtiger als Tag und Nacht: Bei Ebbe sucht er Nahrung auf den trockengefallenen Wattflächen, bei Flut ruht er.

95 b) ist richtig.

Die Blaumeise legt 7 bis 13 Eier in das kleine Nest, das sie in einer Baumhöhle oder einem Nistkasten baut.

96 a) ist richtig.

Auf der Suche nach kleinen Insekten turnt die Blaumeise oft kopfunter in den äußersten Zweigspitzen der Bäume und Sträucher.

97 c) ist richtig.

Der Buchfink ruft häufig laut „Pink" – so kam er auch zu dem Namen Fink.

98 b) ist richtig.

Für das stabile, tiefe Napfnest sucht der Buchfink eine Astgabel
in der Krone eines Laubbaums. Außen tarnt er das Nest mit
Flechten.

99 b) ist richtig.

Der Buntspecht setzt seinen Schnabel wie einen Hammer ein:
Damit hämmert er eine tiefe Baumhöhle in den Stamm und klopft
die Stämme nach Nahrung ab.

100 c) ist richtig.

Der Buntspecht lockt das Weibchen durch lautes Trommeln an.
Dazu klopft er ganz schnell mit dem Schnabel gegen hohle Baumstämme.

101 a) ist richtig.

Der Eichelhäher passt immer gut auf: Betritt ein Spaziergänger den Wald, so warnt er die anderen Tiere mit lauten „Rätsch-rätsch"-Rufen.

102 c) ist richtig.

Im Herbst vergräbt der Eichelhäher tausende Eicheln, Bucheckern und andere Baumfrüchte als Wintervorrat im Boden. Die Früchte, die er nicht findet, wachsen im kommenden Jahr zu Bäumen heran.

103 a) ist richtig.

Im Sonnenlicht glänzt das Gefieder der hübschen Elster metallisch blaugrün.

104 b) ist richtig.

Die Elster baut ihr Nest aus Ästen und Zweigen ganz oben in die Kronen hoher Bäume. Damit die Küken nicht nass werden, besitzt es ein schützendes Regendach aus Ästen.

105 c) ist richtig.

Bei der täglichen Suche nach Nahrung entfernen sich Gänsegeier bis zu 60 km weit vom Nest – dabei kreisen sie mit brettartig ausgebreiteten Flügeln am Himmel.

106 b) ist richtig.

Wölfe vertreiben Gänsegeier vom Aas und fressen zuerst. Erst wenn sie satt sind, lassen sie die Gänsegeier an die Beute.

107 b) ist richtig.

Wenn Graugänse im Schwarm fliegen, bilden sie ein großes V am Himmel. Ein Vogel bildet die Spitze, die anderen fliegen im Windschatten.

108 b) ist richtig.

Graugänse polstern die Mulde ihres großen Bodennests mit kleinen grauen Daunenfedern aus, die sie sich aus dem Gefieder rupfen.

109 c) ist richtig.

Der Graureiher baut sein Nest in die höchsten Wipfel der Baumkrone. Er brütet nicht allein, sondern mit vielen Artgenossen in einer Kolonie.

110 a) ist richtig.

Wenn der Graureiher fliegt, zieht er seinen langen Hals s-förmig ein. Daran kannst du ihn vom gleich großen Weißstorch unterscheiden, der mit lang ausgestrecktem Hals fliegt.

111 b) ist richtig.

Die Kohlmeise lernt im Alter von 20 Tagen fliegen. Im Sommer kannst du in den Bäumen ganze Gruppen noch blass gefärbter Jungvögel beobachten.

112 a) ist richtig.

Bis zu 600 Mal am Tag trommelt ein Buntspecht. Jeder Trommelwirbel dauert nicht einmal eine Sekunde, besteht aber aus unzähligen Einzelschlägen. Neben Baumstämmen nutzen Buntspechte gern auch Dachantennen oder Blecheinfassungen von Kaminen zum Trommeln, weil sie so noch weiter zu hören sind. Mit diesen Trommelschlägen teilen Buntspechte ihren Artgenossen mit: „Dieses Revier ist besetzt."

113 b) ist richtig.

Zusammen mit der Amsel erklingt der Gesang des Hausrotschwanzes schon lange vor der Morgendämmerung.

114 b) ist richtig.

Rabenkrähen bauen ihr Nest aus Zweigen und kleiden es mit feuchter Erde aus. Ein geflochtenes Zweigdach schützt die Jungen vor Regen.

115 c) ist richtig.

Der Star ahmt mit seinem Gesang täuschend echt das Gequake der Frösche nach. Auch andere Vogelstimmen oder technische Geräusche tauchen in seinen Liedern auf.

116 b) ist richtig.

Kleinvögel verwechseln Türkentauben mit ihrem Feind, dem Sperber. Dabei ist die Türkentaube ein harmloser Vogel, der sich von Samen, Früchten und Blättern ernährt.

117 a) ist richtig.

An kalten Tagen kuscheln sich bis zu 20 Zaunkönige in ein einziges kuscheliges Nest. Dieses besteht aus Gras, Moos, Federn und Haaren.

118 c) ist richtig.

Die Amseln trippeln auf dem Boden umher und ahmen so Regen nach. Die Regenwürmer glauben, es würde regnen, und kriechen aus dem Boden, damit sie nicht ertrinken.

119 c) ist richtig.

Bis zu 4500 Mal am Tag schmettert das Buchfink-Männchen seinen Gesang, der als „Finkenschlag" bekannt ist. Es sind kräftige Schmettertöne, die in ihrer Tonhöhe abfallen und mit einem Schnörkel enden, der sich wie „Würzgebier" anhört.

120 a) ist richtig.

Buchfinken fressen im Herbst gern Bucheckern, die Früchte der heimischen Buche. Die Vögel, die den Sommer über allein oder als Paar leben, bilden im Herbst oft große Schwärme mit vielen hundert Vögeln.

121 b) ist richtig.

Mit einem Körpergewicht von bis zu 15 kg ist der Höckerschwan einer der schwersten Vögel der Erde, die fliegen können.

122 c) ist richtig.

Der Höckerschwan ist ein Vegetarier. Er ernährt sich von Wasser- und Sumpfpflanzen, die er am Ufer, unter oder im Wasser abweidet.

123 b) ist richtig.

Der Kleiber verengt die Öffnung zu seiner Bruthöhle mit klebrigem Lehm – von „Kleben" stammt auch sein Name Kleiber her.

124 a) ist richtig.

Im Sommer sucht der Kleiber nach Insekten und anderen Kleintieren in den Ritzen der Baumstämme. Im Winter mag er Bucheckern.

125 a) ist richtig.

Der Kormoran kann hervorragend tauchen. Unter Wasser jagt er bis zu 20 cm lange Fische.

126 b) ist richtig.

Der Kormoran fettet sein Gefieder nicht wie Enten und andere Wasservögel ein. Dadurch hält sich keine Luft zwischen den Federn und der Kormoran kann energiesparend tauchen.

127 c) ist richtig.

Die lauten „Kruh"- oder „Krrüi"-Rufe der Kraniche, die meist im Flug ertönen, klingen wie eine Trompete.

128 a) ist richtig.

Im Frühjahr werben die Partner mit Balztänzen umeinander, dann springen sie in die Luft und verbeugen sich tief voreinander.

129 b) ist richtig.

Der Kuckuck legt jeweils ein Ei in das Nest eines kleinen Singvogels. Dieser brütet das Ei aus und zieht das Küken groß.

130 a) ist richtig.

Das Flugbild eines Kuckucks sieht wie das eines Sperbers aus, des größten Feinds kleiner Vögel. Sobald diese vor ihm fliehen, kann sich der Kuckuck an ein Nest heranwagen.

131 a) ist richtig.

Wenn der Mäusebussard mit ausgebreiteten Flügeln in der Luft segelt, ruft er oft wie eine Katze „Hi-äh".

132 c) ist richtig.

Der Mäusebussard kann wie alle Greifvögel hervorragend sehen. Eine kleine Maus erkennt er aus einer Entfernung von 350 m!

133 b) ist richtig.

Der Neuntöter spießt seine Beutetiere als Vorrat auf den langen Dornen von Weißdorn und Schlehe auf.

134 b) ist richtig.

Im August/September zieht der Neuntöter nachts nach Südafrika. Beim Flug erreicht er Geschwindigkeiten von bis zu 75 km/h.

135 b) ist richtig.

Mit einer Länge von bis zu 51 cm ist die Rabenkrähe deutlich größer als eine Straßentaube, aber kleiner als ein Bussard.

136 c) ist richtig.

Rabenkrähen werfen bei grüner Ampel die Walnuss auf die Straße, damit Autos darüberfahren und die Schale öffnen. Bei roter Ampel picken sie die Walnuss auf.

137 a) ist richtig.

Die Rauchschwalbe sammelt feuchten Lehm in Pfützen und töpfert daraus ein Nest unter die Stalldecke.

138 a) ist richtig.

Das Sprichwort „Eine Schwalbe macht noch keinen Sommer" bedeutet, dass man ein erstes positives Zeichen nicht überbewerten sollte – es könnte ja wieder schlechter werden.

139 c) ist richtig.

Aggressiv vertreibt das Rotkehlchen jeden Artgenossen, der in seiner Nähe auftaucht – egal, ob im Revier oder am Futterhaus.

140 a) ist richtig.

Im Herbst ernährt sich das Rotkehlchen gern von verschiedenen Früchten, besonders mag es die giftigen Früchte von Liguster, Efeu und Pfaffenhütchen.

141 a) ist richtig.

Der Turmfalke steht wie ein Hubschrauber in der Luft und hält nach Mäusen Ausschau. Hat er eine Maus erspäht, erbeutet er sie im Sturzflug.

142 b) ist richtig.

Mauersegler verbringen die Nacht in der Luft. Während sie in großen Höhen fliegen, arbeitet jeweils nur eine Gehirnhälfte. Die andere ruht in dieser Zeit.

143 b) ist richtig.

In den größten Städten der Welt leben insgesamt rund 500 Millionen Straßentauben. Weil ihr aggressiver Kot die Fassaden und Wände der Häuser schädigt, werden sie von vielen Plätzen vertrieben. Deshalb sollte man Tauben auch nicht füttern.

144 b) ist richtig.

Es würde noch mehr Tauben in den Städten geben, wenn sie geeignete Nistplätze fänden, um ihre Jungen großzuziehen.

145 a) ist richtig.

Ein Hahn kräht, um sein Revier gegenüber anderen Hähnen abzugrenzen. Hört ein anderer Hahn dieses Krähen, so antwortet er meist, auch wenn er mehrere Kilometer entfernt ist. Dann kann ein Krähkonzert zwischen diesen rivalisierenden Hähnen beginnen.

146 a) ist richtig.

Drei Wochen lang sitzt eine Henne auf ihren Eiern und brütet sie aus. Dann picken die Küken mit ihrem Eizahn auf der Schnabelspitze die Schale auf und schlüpfen.

147 c) ist richtig.

Ein Gänse-Ei wiegt rund 200 g, ein Hühnerei hingegen nur etwa 80 g. Bis zu 80 Eier legt eine Gans im Jahr.

148 b) ist richtig.

Rauchschwalben verbringen den Winter im Süden Afrikas. Vor dem Abflug sammeln sie sich in großen Schwärmen auf Leitungsdrähten.

149 a) ist richtig.

Rauchschwalben trinken im Flug. Dazu fliegen sie knapp über der Wasseroberfläche und tauchen ihren geöffneten Schnabel ins Wasser.

150 b) ist richtig.

Weißstörche laufen gerne pflügenden Traktoren auf dem Feld nach, denn dort erwischen sie leicht die zutage geförderten Insektenlarven und jungen Mäuse.

151 a) ist richtig.

Dank besonderer Federn kann die Schleiereule wie alle Eulen lautlos fliegen – so kann sie das leise Rascheln der Mäuse hören.

152 b) ist richtig.

In mäusearmen Jahren verzichtet die Schleiereule aufs Brüten, denn sie würde ihre Jungen nicht satt bekommen. Dafür brütet sie in mäusereichen Jahren sogar zweimal.

153 c) ist richtig.

Hat der Seeadler einen Fisch entdeckt, pflügt er mit seinen Krallen durchs Wasser und ergreift ihn.

154 a) ist richtig.

Der Seeadler wiegt trotz einer Länge von bis zu 92 cm und einer Flügelspannweite von bis zu 244 cm nur höchstens 6,9 kg. Weibchen sind größer und schwerer als Männchen.

155 b) ist richtig.

Der sogenannte Gonysfleck auf dem Schnabel ist rot. Wozu er dient, haben die Biologen noch nicht herausgefunden.

156 c) ist richtig.

Junge Silbermöwen sind noch nicht weiß und grau gefärbt wie die erwachsenen Vögel, sondern tragen ein bräunliches Jugendkleid.

157 a) ist richtig.

Der Star kann die Stimmen von anderen Vögeln und Fröschen nachahmen und sogar Töne von Rasenmähern und Handys täuschend echt nachmachen.

158 a) ist richtig.

Im Herbst bilden Stare große Schwärme, die über Weinberge herfallen und ganze Traubenernten auffressen. Darum schützen Netze die Trauben.

159 a) ist richtig.

Straßentauben stammen von der Felsentaube ab, die in felsigen Gebirgsgegenden und Küstenstreifen Südeuropas vorkommt. Sie brütet in Felswänden.

160 c) ist richtig.

Tauben füttern ihre Küken mit weißlicher Kropfmilch, die an Frischkäse erinnert und die sie in ihrem Kropf selbst erzeugen. Der Kropf ist eine Aussackung der Speiseröhre.

161 b) ist richtig.

Beim Rütteln steht der Turmfalke mit schnellen Flügelschlägen in der Luft wie ein Hubschrauber und hält nach Mäusen Ausschau.

162 a) ist richtig.

Der Turmfalke baut sein Nest gern in die Nische eines Kirchturms oder anderer hoher Gebäude. Er nimmt auch Nistkästen an.

163 b) ist richtig.

Mit einer Länge von bis zu 73 cm und einer Flügelspannweite von bis zu 168 cm ist der Uhu die größte Eule der Erde.

164 b) ist richtig.

Der Uhu kann bis zu 2,2 kg schwere Beutetiere überwältigen, auch Murmeltiere und sogar die gefährlichen Habichte. Rehe allerdings nicht, die sind zu groß.

165 b) ist richtig.

Landet der Partner des Weißstorchs auf dem Nest, so wirft er zur Begrüßung seinen Kopf in den Nacken und klappert laut mit dem Schnabel.

166 c) ist richtig.

Der Weißstorch verbringt den Winter in Südafrika. Auf der langen Reise legt er mehrere Stopps ein, um sich den Bauch vollzufressen. Wenn sie gefüttert werden, bleiben Störche auch bei uns.

167 c) ist richtig.

In den Kronen hoher Nadelbäume sucht das Wintergoldhähnchen nach kleinsten Insekten und Spinnen.

168 a) ist richtig.

Das nur 0,6 g schwere Ei ist so groß wie eine Erbse. Stell dir mal vor, wie winzig das Küken ist!

169 a) ist richtig.

Der 9 cm lange Zaunkönig ist der drittkleinste Vogel bei uns – er wiegt nur zehn Gramm. Das ist so viel wie 5 Gummibärchen.

170 c) ist richtig.

Am Boden und zwischen bodennahen Pflanzen jagt der Zaunkönig nach kleinen Insekten, Spinnen und Weberknechten.

171 a) ist richtig.

Die Brieftaube findet mithilfe des Magnetfelds der Erde auch aus einer Entfernung von bis zu 2400 km wieder nach Hause.

172 a) ist richtig.

Immer häufiger stellen Graureiher auf den Wiesen Mäusen nach, obwohl sie ursprünglich nur an den Ufern von Bächen und Seen auf Fische lauerten. Auch mancher Goldfisch im Gartenteich wurde schon das Opfer eines Graureihers.

173 b) ist richtig.

Der Wellensittich ist der am häufigsten gezüchtete Vogel und damit das häufigste Haustier. Ungefähr 200 Millionen Wellensittiche leben in den Haushalten der ganzen Welt.

174 a) ist richtig.

Der Schnabel aller Spechte ist durch eine Art Feder mit dem restlichen Schädel verbunden. Dadurch werden die harten Schläge sehr stark abgedämpft. Zudem sind manche Schädelknochen besonders verstärkt.

175 c) ist richtig.

Eine Schwalbe muss ihre Flügel ungestört ausstrecken können, um sich wohlzufühlen und um unverletzt wegfliegen zu können. Darum sitzen Schwalben auf den Leitungen in regelmäßigen Abständen wie Perlen auf einer Schnur.

176 c) ist richtig.

Noch vor etwas mehr als 100 Jahren war die Amsel ein scheuer Waldvogel. Heute ist sie eine der häufigsten Vogelarten in menschlichen Siedlungen.

177 a) ist richtig.

Der Buntspecht klopft mit seinem Schnabel gegen einen Stamm und entdeckt so hohle Gänge im Holz, in denen Insekten leben. Mit seiner Zunge mit Widerhaken holt er sie dann heraus.

178 b) ist richtig.

Der Eichelhäher hat im Herbst an die 10 000 Eicheln, Nüsse und Bucheckern gesammelt und an vielen Plätzen im Wald versteckt.

179 a) ist richtig.

Waldvögel fliegen nur kurze Strecken von Baum zu Baum durch dichtes Geäst. Lange Flügel wären ihnen da nur im Weg. Adler und andere schwergewichtige Vögel haben große, muskulöse Flügel. Die Flügel der Zugvögel sind lang und laufen spitz zu – sie haben dadurch einen geringen Luftwiderstand und die Vögel können kraftsparend weite Strecken fliegen.

180 a) ist richtig.

Im Gegensatz zu anderen Spechten trommelt der Grünspecht fast nur während der Balz, denn seine Nahrung findet er überwiegend am Boden. Dort fängt er mit seiner 10 cm langen Zunge Ameisen und andere Insekten.

181 c) ist richtig.

Blaugrüne Mosaikjungfern können in der Luft stehen bleiben wie ein Hubschrauber.

182 a) ist richtig.

Die beiden großen Augen der Blaugrünen Mosaikjungfer bestehen aus bis zu 30 000 Einzelaugen.

183 b) ist richtig.

Anders als es ihr Name vermuten lässt, leben Eintagsfliegen bis zu vier Tage lang.

184 a) ist richtig.

Die Larven der Eintagsfliegen leben am Grund von Gewässern. Sie ernähren sich von Algenbewuchs.

185 a) ist richtig.

Die Essigfliege kommt häufig auf faulem Obst, an Komposthaufen und in Biotonnen vor.

186 c) ist richtig.

Bis zu 400 winzige, gelblich weiße Eier legt das Weibchen, aus denen schon nach wenigen Stunden die Larven schlüpfen.

187 c) ist richtig.

Das Glühwürmchen, auch Leuchtkäfer genannt, gehört zur Gruppe der Käfer. Die Männchen sehen im Gegensatz zu den Weibchen tatsächlich wie Käfer aus.

188 a) ist richtig.

Die Weibchen der Glühwürmchen können nicht fliegen – sie sehen wie Larven aus und halten sich nur am Boden auf.

189 b) ist richtig.

Der Goldlaufkäfer hat eine Körperlänge von 1,7 bis 3 cm. Er überwältigt auch Beutetiere, die größer sind als er.

190 c) ist richtig.

Der räuberische Goldlaufkäfer frisst nicht nur Regenwürmer, verschiedene Insekten und deren Larven, sondern auch die unbeliebten Nacktschnecken.

191 b) ist richtig.

Das Grüne Heupferd „musiziert" mit seinen langen Fühlern wie auf einer Geige, indem es eine Leiste wie einen Bogen über eine harte Kante, die Saite, zieht.

192 b) ist richtig.

Die Ohren sitzen beim Grünen Heupferd auf den Vorderbeinen.

193 a) ist richtig.

Die Larve. Sie schlüpft aus dem Ei, das das Weibchen in die Haselnuss gelegt hat.

194 c) ist richtig.

Der Haselnussbohrer ist ein Rüsselkäfer. Mithilfe seines langen Rüssels nagt das Weibchen Löcher in die Schale, um dort Eier abzulegen.

195 c) ist richtig.

Wenn eine Hausspinne in eine Badewanne oder ein Waschbecken gerät, kann sie sich nicht mehr von selbst daraus befreien.

196 b) ist richtig.

Hausspinnen werden bis zu 7 Jahre alt.

197 b) ist richtig.

Mit einer Körperlänge von bis zu 7,5 cm ist der Hirschkäfer der größte Käfer Europas.

198 c) ist richtig.

Die Hirschkäferlarve lebt bis zu acht Jahre lang im morschen Holz von Eichen, bis sie groß genug ist, um sich zum erwachsenen Käfer zu verpuppen.

199 b) ist richtig.

Die Hornissenkönigin wird bis zu 3,5 cm lang.

200 c) ist richtig.

Tatsächlich ist der Stich einer Hornisse nicht giftiger als der einer Wespe.

201 c) ist richtig.

An den 6 Beinen ist zu erkennen, dass der Ohrwurm ein Insekt ist. Alle Insekten haben 6 Beine.

202 b) ist richtig.

Die Libellenlarve packt ihre Beute durch blitzartiges Hervorschnellen der Mundwerkzeuge. Die Unterlippe aller Libellenlarven ist wie eine Fangmaske mit spitzen Klauen am äußeren Ende geformt.

203 b) ist richtig.

Der größte Schmetterling Mitteleuropas ist das Wiener Nachtpfauenauge mit einer Spannweite von bis zu 15 cm. Es hat einen verkümmerten Rüssel und kann keine Nahrung aufnehmen. Es lebt nur wenige Tage, um sich fortzupflanzen.

204 b) ist richtig.

Den Kleinen Fuchs trifft man in den Alpen in bis zu 3000 m Höhe an, selbst wenn dort Schnee liegt. In unseren Gärten kannst du diesen hübschen Schmetterling oft auf den Blüten des Schmetterlingsflieders, der Buddleja, beobachten.

205 c) ist richtig.

Die Gartenkreuzspinne hat acht Augen (zwei Hauptaugen und sechs Nebenaugen), die in zwei Reihen am Kopf angeordnet sind. Damit kann diese Spinne in viele Richtungen gleichzeitig sehen.

206 c) ist richtig.

Asseln atmen mit Kiemen, die sie an ihren Hinterbeinen tragen. Weil Kiemen immer feucht sein müssen, leben Asseln gerne an kühlen, schattigen Plätzen.

207 c) ist richtig.

Eine weibliche Stallfliege legt bis zu 3 000 Eier in Tierkot und Gülle. Dort finden die Larven reichlich zu fressen und entwickeln sich innerhalb von ein bis zwei Wochen zu neuen Fliegen.

208 c) ist richtig.

An jedem feinen Spinnfaden sitzt eine junge Spinne, die sich mit dem Wind zu einem neuen Lebensraum tragen lässt. Viele Kilometer weit kann die junge Spinne dabei fliegen.

209 a) ist richtig.

Die Weibchen der Wolfsspinnen tragen die Eier in einem Kokon auf ihrem Rücken. Wenn die jungen Spinnen aus ihren Eiern geschlüpft sind, klettern sie auf den Rücken der Mutter und lassen sich von ihr einige Tage umhertragen.

210 c) ist richtig.

Die Gänge der Feldgrille reichen bis zu 40 cm tief in den Boden. Tagsüber sitzt sie vor dem Eingang zur Höhle und zirpt.

211 a) ist richtig.

Viele Hummelarten bauen gern ihr Nest unterirdisch in verlassene Mäusebaue.

212 b) ist richtig.

In den Höschen sammeln die Hummeln den Pollen und transportieren ihn in ihr Nest.

213 c) ist richtig.

Asseln sind Krebstiere mit sieben Laufbeinpaaren. Sie ernähren sich von abgestorbenen Pflanzen.

214 b) ist richtig.

Die Weibchen tragen eine wassergefüllte Bruttasche am Bauch, in der sich die Eier und Larven entwickeln.

215 b) ist richtig.

Da die Flügel mancher Köcherfliegen ebenfalls beschuppt sind, sind diese Insekten am nächsten mit Schmetterlingen verwandt.

216 c) ist richtig.

Mithilfe der Spinndrüsen bauen sich die Larven aus Steinchen, Algen und anderen Materialien ein Gehäuse, den sogenannten Köcher, als Schutz für den weichen Hinterleib.

217 a) ist richtig.

Für den Bau eines Radnetzes braucht sie ungefähr 45 Minuten.

218 c) ist richtig.

Die Kreuzspinne besitzt wie die meisten Spinnenarten 8 Augen.

219 b) ist richtig.

Da Ohrwürmer auch zarthäutige Insekten wie Blattläuse fressen, sind sie bei Gärtnern beliebt.

220 a) ist richtig.

Ohrwurmweibchen kümmern sich um die Brut, sie bewachen und putzen die Eier und füttern sogar die Larven.

221 b) ist richtig.

Im Frühjahr paaren sich Feuerwanzen, indem sie mit ihren Hinter-
leibern zusammenhängen.

222 a) ist richtig.

Feuerwanzen sind sehr gesellig und leben daher in großen
Kolonien.

223 c) ist richtig.

Zu einem einzigen Ameisenstaat gehören bis zu eine Million
Ameisen.

224 c) ist richtig.

Die Waldameisenkönigin wird bis zu 20 Jahre alt.

225 c) ist richtig.

Eine einzige Siebenpunktlarve kann während ihres mehrwöchigen
Lebens über 600 Blattläuse verspeisen. Auch die erwachsenen
Marienkäfer ernähren sich von Blattläusen.

226 a) ist richtig.

Bei Bedrohung gibt der Marienkäfer aus den Gelenken am Knie eine gelbe, stinkende Flüssigkeit ab.

227 a) ist richtig.

Nur die weiblichen Stechmücken ernähren sich von Blut, die Männchen ernähren sich von Nektar.

228 b) ist richtig.

Die Stechmückenlarven leben im Wasser von Tümpeln, Teichen, Brunnen, Regentonnen und auch in Gießkannen.

229 c) ist richtig.

Der Steinläufer ist ein gefährlicher Bodenjäger, der Asseln, Insekten und Spinnen erbeutet.

230 b) ist richtig.

Mit seinen großen Kieferklauen kann der Steinläufer giftig und schmerzhaft zubeißen.

231 b) ist richtig.

Bei Gefahr gibt der nachtaktive Totenkopfschwärmer piepsende und pfeifende Töne von sich. Früher erschraken abergläubische Menschen bei seinem Anblick, denn auf seiner Brust trägt er ein totenkopfähnliches Mal.

232 c) ist richtig.

Im Winter ertönt aus dem Bienenstock ein leises Summen. Denn die Honigbienen bewegen sich ununterbrochen. Bei ihren Bewegungen entsteht Wärme – genau wie bei dir, wenn du dich bewegst. So erwärmt sich der Stock.

233 a) ist richtig.

Bei den Bienen, Wespen und Hummeln können nur die weiblichen Arbeiterinnen stechen. Denn der Stechapparat hat sich aus dem Legebohrer entwickelt. Die Eier legenden Königinnen und die Männchen können nicht stechen.

234 a) ist richtig.

Ameisen finden den Weg zurück zu ihrem Nest oder hin zu ergiebigen Futterquellen durch eine Duftspur. Verwischst du sie mit dem Finger, verlieren die Ameisen kurzzeitig die Orientierung und suchen intensiv nach der verlorenen Spur.

235 c) ist richtig.

Raupen häuten sich mehrmals, weil die Haut nicht mitwächst und für die Raupen zu eng wird. Unter der alten Haut hat sich vorher bereits eine neue gebildet.

236 c) ist richtig.

Das Mottenweibchen legt seine Eier meist ins Wollgewebe. Die geschlüpften Raupen ernähren sich davon. Mit Zedernholz und Lavendelsäckchen kannst du sie vertreiben.

237 a) ist richtig.

Goldfliegen können Krankheiten übertragen, weil an ihren Füßen Bakterien haften. Sie sitzen häufig auf Kothaufen, um zu fressen, und legen ihre Eier auf verendeten Tieren ab. So verschleppen sie viele Bakterien auf unsere Nahrung.

238 b) ist richtig.

Schwebfliegen sind die Flugartisten unter den Insekten. Sie können vorwärts, rückwärts, seitwärts fliegen und reglos in der Luft stehen. Wegen ihrer schwarz-gelben Färbung werden sie oft mit Wespen verwechselt.

239 a) ist richtig.

Mit den kleinen Öffnungen am Hinterleib atmen Maikäfer. Durch diese Löcher, die Stigmen genannt werden, tritt Luft in den Insektenkörper. Zum Schutz vor Staub und Schmutz können sie verschlossen werden.

240 c) ist richtig.

Bei uns kommen etwa 80 verschiedene Marienkäferarten vor. Der bekannteste ist der Siebenpunkt-Marienkäfer mit sieben schwarzen Punkten auf den roten Flügeldecken. Andere Arten haben mehr oder weniger Punkte. Sie tragen die Farben Schwarz und Rot oder Gelb und Schwarz.

241 b) ist richtig.

Die Raupen fressen nur Brennnesseln. Ihnen machen die giftigen Brennhaare nichts aus.

242 a) ist richtig.

Wenn sich das Tagpfauenauge bedroht fühlt, klappt es seine Flügel auf. Wegen der großen Augen meinen Vögel und andere Feinde dann, sie hätten ein großes Tier vor sich.

243 b) ist richtig.

Da Taubenschwänzchen beim Nektarsaugen in der Luft stehen bleiben, werden sie oft mit Kolibris verwechselt.

244 c) ist richtig.

Jedes Jahr fliegt das Taubenschwänzchen von seiner Heimat in Südeuropa über die Alpen zu uns.

245 b) ist richtig.

Der Rekordhalter unter den Tausendfüßern besitzt 750 Beine, diese Tausendfüßerart lebt aber nicht bei uns, sondern in Kalifornien.

246 c) ist richtig.

Tausendfüßer tragen mit ihrem Kot zur Humusbildung bei, zudem durchmischen sie den Boden und zersetzen abgestorbene Pflanzen.

247 b) ist richtig.

Der Waldmistkäfer fliegt bodennah die Waldwege entlang auf der Suche nach Kothaufen. Wenn er einen gerochen hat, landet er.

248 a) ist richtig.

Wie der Maikäfer so gehört auch der Waldmistkäfer in die Familie der Blatthornkäfer, die blattartig verbreiterte Fühlerglieder besitzen.

249 a) ist richtig.

Wenn eine Wanze an einer Himbeere saugt, fließt ihr widerlich muffig riechender Speichel in die Himbeereund verdirbt den Geschmack.

250 c) ist richtig.

Im Winter ist die Stinkwanze braun gefärbt – so ist sie gut in ihrem Winterquartier in Erd- und Rindenspalten getarnt.

251 b) ist richtig.

Der Wasserläufer nimmt mit seinem Tastsinn sofort wahr, wenn ein Insekt aufs Wasser fällt. Er ergreift es und saugt es aus.

252 a) ist richtig.

Der Wasserläufer gehört zur Insektenordnung der Wanzen.

253 b) ist richtig.

Anders als die Echten Webspinnen besitzt der Weberknecht keine Spinnwarzen und kann keine Spinnfäden spinnen.

254 a) ist richtig.

Wenn sich der Weberknecht bedroht fühlt, setzt er ein stinkendes Sekret frei.

255 a) ist richtig.

Wespen stellen aus Holzspänen und Speichel Papier her, aus dem sie ihr Nest bauen.

256 c) ist richtig.

Die Wespen erbeuten Insekten als Nahrung für die Larven.

257 a) ist richtig.

Die Larve lebt in einem Nest aus Schaum, das wie Spucke an Blütenstängeln hängt.

258 b) ist richtig.

Dank der kräftigen Hinterbeine können Zikaden so weit und hoch springen wie ein Floh.

259 c) ist richtig.

Auf Grashalmen und anderen niedrigen Pflanzen lauern Zecken auf ihre Wirte.

260 b) ist richtig.

Zecken nehmen den Geruch von Menschen und Wirtstieren wahr.

261 c) ist richtig.

Kein anderes Lebewesen kann gemessen an seiner Körpergröße höher springen als ein Floh. Das Insekt ist nur 3 mm groß und kann 20 cm hoch und 40 cm weit springen. Ein Mensch müsste 157 m hoch und 270 m weit springen, um die gleiche Leistung wie ein Floh zu erbringen.

262 b) ist richtig.

Honigbienen fliegen 120 000 km weit, um 500 g Honig zu gewinnen. Dabei besuchen sie rund 2 Millionen Blüten. An einem schönen Sommertag schafft ein fleißiges Bienenvolk 1 kg Honig.

263 a) ist richtig.

Eine Libelle kann pfeilschnell mit bis zu 50 km/h durch die Luft schießen.

264 c) ist richtig.

Durch Duftstoffe, die sogenannten Pheromone, kann das Seidenspinner-Männchen ein bis zu 11 km entferntes Weibchen riechen. Die Raupen dieser Schmetterlingsart spinnen die wertvollen Seidenfäden.

265 c) ist richtig.

Naturforscher haben in Karbongesteinen, die 350 Millionen Jahre alt sind, versteinerte Eintagsfliegen gefunden. Damals wurden sie viel größer als die heutigen Arten.

266 b) ist richtig.

Schon an warmen Februartagen fliegen die ersten Schmetterlinge bei uns. Einer der ersten ist der Kleine Fuchs, der auch einer der häufigsten heimischen Falter ist.

267 c) ist richtig.

Die Larven des Hirschkäfers benötigen fünf bis acht Jahre für ihre Entwicklung zum fertigen Käfer. Sie leben im Holz alter, morscher Eichen, manchmal auch in dem anderer Laubbäume. Weil in unseren Wäldern alte Bäume viel zu schnell entfernt werden, finden die Larven keinen Lebensraum mehr für ihre Entwicklung. Deshalb sind Hirschkäfer heute selten geworden.

268 a) ist richtig.

Die im Holz lebenden Borkenkäfer sorgen dafür, dass sich absterbende Bäume schneller zersetzen und Platz für junge Bäume machen. Im Wald werden Borkenkäfer in Lockstofffallen, die einen für die Käfer unwiderstehlichen Duft ausströmen, gefangen.

269 b) ist richtig.

Die Wasserspinne baut sich aus feinen Spinnfäden unter Wasser eine Taucherglocke und füllt sie mit Luft. Darin lebt sie, frisst, häutet, paart sich und legt ihre Eier ab. Wenn die Luft in der Glocke langsam zu Neige geht, taucht sie mehrmals auf und bringt kleine Luftbläschen mit zurück. Diese bleiben an ihrer Körperoberfläche hängen.

270 b) ist richtig.

Zecken lauern in niedrigen Pflanzen an der Spitze von Grashalmen, Zweigen und Stängeln auf vorbeikommende Lebewesen. Dabei strecken sie ihre Vorderbeine weit aus und halten sich an vorbeistreifendem Fell, Gefieder, an Haut oder Hosenbeinen fest. Dann bohren sie an einer weichen Hautstelle, bis sie ein Blutgefäß treffen, und saugen Blut.

271 a) ist richtig.

Die Acker-Kratzdistel breitet sich nicht nur über unzählige Samen aus, sondern auch unterirdisch über kriechende Wurzeln.

272 c) ist richtig.

Die Blüten bieten Bienen, Hummeln, Schmetterlingen und Schwebfliegen nicht nur zuckersüßen Nektar, sondern auch nahrhafte Pollen.

273 b) ist richtig.

Nachts erwärmt sich der Kolben in der Blütenmitte und stinkt intensiv nach Urin. So lockt die Blüte Mücken zum Bestäuben an.

274 b) ist richtig.

Wenn die kugeligen Beerenfrüchte reif werden, verfärben sie sich von Grün nach Rot. Sie sind sehr giftig!

275 b) ist richtig.

Schon von Weitem kannst du im Frühling den intensiven Duft nach Knoblauch riechen, den der Bärlauch verströmt.

276 a) ist richtig.

Wie die Küchenzwiebel gehört der Bärlauch zu der Pflanzengattung Allium, zu der auch Schnitt- und Knoblauch gehören.

277 a) ist richtig.

Beinwellsalbe und -umschläge lindern Prellungen, Zerrungen und Blutergüsse nach Sport- und anderen Unfällen.

278 c) ist richtig.

Die Blätter fühlen sich borstig-rau an – daran erkennst du, dass der Beinwell zu den Raublattgewächsen gehört.

279 b) ist richtig.

Wegen der intensiv blutroten Blüten kam der Blutweiderich zu seinem Namen.

280 c) ist richtig.

Der Blutweiderich reinigt trübes Teichwasser, die Blüten färben Getränke und Süßspeisen – einen Duft für Wäsche hingegen verströmen sie nicht.

281 c) ist richtig.

Beim Berühren von Stängel und Blättern brechen die Brennhaare ab und bilden eine feine Spritze, durch die das Gift in die Haut gelangt.

282 a) ist richtig.

Die Raupen von Tagpfauenauge, Kleinem Fuchs und von über 35 weiteren Schmetterlingen ernähren sich nur von Brennnesseln.

283 c) ist richtig.

Aus bis zu 120 kleinen Einzelblüten besteht der Blütenstand, der ausschaut wie eine einzige Blüte: Jedes weiße Zungenblatt ist eine solche Einzelblüte.

284 b) ist richtig.

Die aufgewölbten Blütenkörbchen sind innen hohl – um dieses Merkmal zu erkennen, muss man ein Blütenkörbchen in der Mitte durchschneiden.

285 a) ist richtig.

Die Schlüsselblume blüht im Frühling, die Blüten öffnen sich zwischen April und Mai.

286 c) ist richtig.

Die Schlüsselblume ist eine alte Heilpflanze, die als Tee oder Sirup bei Husten hilft.

287 b) ist richtig.

Bei Regenwetter und auch über Nacht schließen sich die Blüten. Sie sind nur an schönen, trockenen Tagen geöffnet.

288 c) ist richtig.

Die Samen werden durch Wind und Regen ebenso verbreitet wie über das Anhaften an Tierfüßen und Schuhsohlen – nur im Gefieder der Vögel bleiben sie nicht hängen.

289 a) ist richtig.

Die Blüten ähneln denen der Krokusse – allerdings blühen Krokusse schon im zeitigen Frühjahr.

290 b) ist richtig.

Mit bis zu 40 cm Länge sind die Blüten der Herbstzeitlose die längsten unter den heimischen Pflanzen. Die Wurzeln reichen tief in die Erde hinein.

291 b) ist richtig.

Durch den unangenehmen Aasgeruch. Auf den großen, flachen Doldenblüten können die Insekten bequem landen.

292 c) ist richtig.

Die Sumpfdotterblume verbreitet sich über schwimmfähige Samen, die mit dem Regen oder Bachwasser weitertransportiert werden.

293 a) ist richtig.

Durch Tochterpflanzen. Wenn oberirdische Stängel den Boden berühren, schlagen sie Wurzeln und bilden die Tochterpflanzen.

294 b) und c) sind richtig.

Bumen, die von Bienen und Schmetterlingen besucht werden, haben Blüten in Blautönen und tief verborgenen Nektar.

295 c) ist richtig.

Gegen Magen- und Darmbeschwerden, da Frauenmantel viele Gerbstoffe enthält.

296 c) ist richtig.

Sie werden im Tageslicht krank. Der in den Blüten enthaltene Farbstoff verursacht die manchmal tödliche „Lichtkrankheit". Tiere im dunklen Stall erkranken nicht daran.

297 a) ist richtig.

Weil die Pflanze keinen Dünger verträgt, kann sie auf den stark bewirtschafteten Wiesen nicht leben.

298 a) ist richtig.

Weil sie als Pionierpflanze neue Standorte besiedelt, an denen die unterschiedlichsten Lebensbedingungen herrschen können.

299 b) ist richtig.

Insekten werden stärker angelockt. Die Ursache ist unbekannt.

300 c) ist richtig.

Bei der Bierbrauerei, die früher Metbrauerei hieß, wurden die fleischigen Wurzeln genutzt. So bedeutet der Name Mädesüß eigentlich „Metsüße".

301 c) ist richtig.

Bis zu 20 000 Samen werden von jeder Pflanze in den typischen Kapselfrüchten gebildet und mit dem Wind verbreitet.

302 b) ist richtig.

Menschen haben nach dem Vorbild der Mohnkapsel den Salz- und Pfefferstreuer erfunden, denn die reifen Samen werden aus kleinen Öffnungen der Kapsel herausgeschüttelt.

303 c) ist richtig.

Königskerzen können mit einer Höhe von bis zu 2,5 m viel größer als ein Mensch werden.

304 a) ist richtig.

Zuerst sind die untersten Blüten geöffnet, dann öffnen sich die übrigen nacheinander im Lauf mehrerer Wochen nach oben hin.

305 a) ist richtig.

Als einjährige Pflanze keimt, blüht und fruchtet die Kornblume im Lauf von wenigen Monaten. Dann stirbt die Pflanze ab.

306 c) ist richtig.

Ameisen sammeln die Samen, die ein ölhaltiges Anhängsel tragen. Auf dem Weg zum Bau verzehren die Ameisen dieses Anhängsel und lassen den Samen fallen.

307 b) ist richtig.

Die stark duftenden Maiglöckchen liefern Duftstoffe für Parfüm, Raumdüfte, Waschmittel und ähnliches.

308 a) ist richtig.

Der grüne Farbstoff der Pflanzen heißt Blattgrün oder Chlorophyll. Dank dieses Farbstoffs können Pflanzen aus Wasser, Stickstoff und Sonnenenergie Zuckerverbindungen herstellen.

309 c) ist richtig.

Schon der Verzehr von zwei Blättern vom Fingerhut kann zum Tod führen.

310 b) ist richtig.

Hummeln kriechen in die tiefen Glockenblüten, um Nektar zu sammeln. Dabei bestäuben sie die Blüte. Bei Regen und in der Nacht suchen sie auch Schutz darin.

311 a) ist richtig.

Der Wiesenklee ist eine wichtige und wertvolle Futterpflanze für Rinder und anderes Vieh. Darum wird er auch auf Feldern angebaut.

312 b) ist richtig.

Die Blätter zeigen einen Tag-Nacht-Rhythmus: Nachts falten sie sich zusammen, am Morgen öffnen sie sich wieder.

313 b) ist richtig.

Die Schafgarbe wächst dort, wo Schafe vorkommen. Allerdings verzehren Schafe nur die Blätter. Die Blüten und die restliche Pflanze lassen sie stehen.

314 b) ist richtig.

Schafgarbetee hilft bei Bauchweh, nervösem Magen und auch bei entzündeter Haut.

315 a) ist richtig.

Das Schöllkraut ist mit einem gelben, giftigen Milchsaft gefüllt, der beim Abbrechen der Pflanze oder aus verletzten Stellen austritt.

316 b) ist richtig.

Europäische Siedler haben das Schöllkraut als Heilpflanze bei Hauterkrankungen nach Nordamerika mitgenommen und dort angepflanzt. Heute gehört es zur dortigen Flora.

317 c) ist richtig.

Die großen Blütenköpfe der Sonnenblume erreichen Durchmesser von bis zu 40 cm. Sie bestehen aus bis zu 15 000 Einzelblüten.

318 b) ist richtig.

Die Sonnenblume stammt aus Mittelamerika und dem Süden Nordamerikas. Von dort brachten europäische Seefahrer die Samen nach Europa.

319 c) ist richtig.

Die braunen Adern auf den gelben Blütenblättern zeigen Hummeln den Weg ins Blüteninnere, wo sie Nektar tanken können.

320 a) ist richtig.

Die Wurzel der Schwertlilie ist ein knollenähnlicher Wurzelstock, auch Rhizom genannt, der sich nach allen Seiten waagerecht im Boden ausbreitet.

321 a) ist richtig.

Seine runzeligen Blätter schützen ihn vor starkem Wasserverlust durch Verdunstung.

322 b) ist richtig.

Männliche und weibliche Blüten sitzen auf verschiedenen Pflanzen.

323 a) ist richtig.

Zur Vermehrung. Aus den ohne Befruchtung gebildeten Brutpflänzchen wachsen neue Pflanzen.

324 b) ist richtig.

Mit dornigen Blättern, die von Kühen und Schafen gemieden werden.

325 a) ist richtig.

Ein Vogel, der die Samen an seine Jungen verfüttert. Es wurden Finken und Spatzen beobachtet, die die unreifen, milchigen Samen verfüttert haben.

326 c) ist richtig.

Bis zu zwei Meter weit werden die Samen geschleudert, wenn die Früchte im Herbst bei trockenem Wetter ruckartig aufreißen.

327 b) ist richtig.

Sie besteht aus einer Ober- und einer Unterlippe. Deshalb heißt sie Lippenblüte.

328 a) ist richtig.

Ameisen schleppen die Samen als Essensvorräte in ihre Baue. Auf dem Weg dorthin verlieren sie einige Samen, die dann im Boden keimen können.

329 c) ist richtig.

Warzen oder Fußpilz wurden früher mit dem Milchsaft behandelt. Heute muss davon wegen der Giftigkeit abgeraten werden! Auf keinen Fall darf der Milchsaft in die Augen geraten.

330 b) ist richtig.

Weil sie vom Wind bestäubt werden. Andere Pflanzen locken mit auffälligen nektarhaltigen Blüten Insekten oder Vögel zum Bestäuben an. Spitzwegerichblüten produzieren keinen Nektar.

331 b) ist richtig.

Grüne Götterspeise schmeckt unwiderstehlich nach Waldmeister, auch Speise-Eis, Brausepulver und Sirup gibt es mit Waldmeister-geschmack.

332 c) ist richtig.

Wenn der Waldmeister verwelkt, entwickelt er den typischen Waldmeisterduft. Dann entsteht nämlich Cumarin.

333 c) ist richtig.

Aus den fleischigen Wurzeln bereiteten die Menschen früher einen Getreidekaffee (Muckefuck) als Kaffee-Ersatz zu.

334 a) ist richtig.

Die Blüten der Wegwarte öffnen sich morgens und verwelken schon nachmittags. Doch am nächsten Tag öffnen sich neue Blüten.

335 b) ist richtig.

Die Weiße Seerose ist eine heimische, aus Europa stammende Wasserpflanze. Daher ist sie im Gartenteich angepflanzt auch winterhart.

336 c) ist richtig.

Bis zu 3 m tief reicht der Wurzelstock auf den Grund des Gewässers. Dort entspringen die dicken Stängel, an deren Enden sich die großen Blüten und Blätter entwickeln.

337 a) ist richtig.

Wegen der dreieckigen, gezähnten Blätter ähnelt die Taubnessel der Brennnessel. An den weißen Blüten erkennst du sie aber eindeutig.

338 b) ist richtig.

Die Blüten der Weißen Taubnessel sind perfekte Hummelblüten, denn diese großen Insekten können gut auf der breiten Unterlippe landen.

339 c) ist richtig.

Aus den bestäubten Blüten entwickeln sich eiförmige Kapselfrüchte, aus denen der Wind die leichten Samen herausweht.

340 a) ist richtig.

Auf Bildern zu Märchen und Sagen dienen die Blüten der Glockenblume als Hut und Mütze für Feen und Elfen.

341 c) ist richtig.

Da die Blätter wie Löwenzähne gezackte Blattränder besitzen, kam die Pflanze zu ihrem Namen.

342 a) ist richtig.

Jedes Schirmchen in der Pusteblume ist ein Samen mit einem Kranz aus Flughaaren an einem langen Stiel. So können die Samen mit dem Wind fliegen.

343 c) ist richtig.

Jedes Blütenkörbchen der Wiesen-Margerite besteht aus bis zu 525 Einzelblüten: Die bis zu 25 weißen Zungenblüten umgeben bis zu 500 gelbe Röhrenblüten.

344 b) ist richtig.

Da sich Margeriten auf nährstoffreichen Wiesen massenhaft vermehren und wuchern können, werden sie auch Wucherblumen genannt.

345 a) ist richtig.

Die Wiesenschaumzikade legt ihre Eier an den Stängel des Wiesenschaumkrauts ab und baut darum ein schaumiges Nest, in dem sich die Larven entwickeln.

346 b) ist richtig.

Die Raupen des Aurorafalters ernähren sich nur von den Blättern des Wiesenschaumkrauts und der Knoblauchsrauke. Daher legen die Falter auf diesen Pflanzen ihre Eier ab.

347 c) ist richtig.

Die dunkle Blüte in der Blütenschirmmitte wird Scheininsekt genannt. Sie lockt Insekten an, denn da, wo ein Insekt sitzt, gibt es sicherlich genügend Nahrung für die anderen.

348 c) ist richtig.

Bei verblühten Blütenschirmen biegen sich die einzelnen Strahlen nach innen und bilden zunächst eine Schüssel, dann ein Nest. Darin reifen die Samen heran.

349 a) ist richtig.

Kandierte Veilchenblüten sind eine hübsche Dekoration für Torten und Süßspeisen. Beim Kandieren werden die frischen Blüten in Zuckerwasser eingelegt.

350 b) ist richtig.

Aus den Blüten und den Blättern werden Duftstoffe für Parfüms gewonnen. Während die Blüten süßlich duften, ergeben die Blätter einen frischen Duft.

351 c) ist richtig.

Am Boden erscheint eine Blattrosette. Nach der Samenreife im zweiten Jahr stirbt die Pflanze ab.

352 b) ist richtig.

Vor Tierfraß. Bei Berührung bricht das Brennhaar ab und die brennende Flüssigkeit fließt heraus.

353 b) ist richtig.

Die Blätter der Gladiole sind schwertförmig.

354 a) ist richtig.

Von seinen Blüten. Eine Einzelblüte sieht aus wie ein Herz, aus dem eine dicke weiße Träne herauskullert.

355 c) ist richtig.

Ungefähr 10 000 Fuchsiensorten. Von ihnen sind nur einige in Gartencentern und Gärtnereien zu sehen.

356 a) ist richtig.

Ihre Blätter sind dick und fleischig und wirken fettartig glatt.

357 c) ist richtig.

Die Blüten der Nachtkerze öffnen sich erst bei Nacht.

358 c) ist richtig.

Sonnenblumen können 3 m hoch werden. Das ist eine enorme Leistung, die in 4 Monaten erbracht wird.

359 b) ist richtig.

Mit einem Stern. Das deutsche Wort „Aster" ist vom griechischen „Astron" abgeleitet.

360 a) ist richtig.

An eine Hand, da die Blätter 5 bis 7 Finger haben können.

361 a) ist richtig.

Der Lebensbaum ist ein Nadelbaum, denn er besitzt Nadelblätter.

362 c) ist richtig.

Der Abendländische Lebensbaum stammt aus dem östlichen Kanada, auch im Nordosten der USA kommt er vor.

363 c) ist richtig.

In Deutschland gibt es tatsächlich rund 1 500 verschiedene Apfelsorten, von denen aber nur 60 häufig angebaut werden. Weltweit sind über 20 000 Sorten bekannt.

364 b) ist richtig.

Äpfel sind sehr gesund, darauf spielt das englische Sprichwort an: Ein Apfel am Tag hält den Doktor fern.

365 c) ist richtig.

Aus dem harten, harzfreien und dennoch elastischen Eibenholz wurden Waffen wie Bogen und Armbrüste gebaut. Auch die berühmte Gletschermumie Ötzi hatte einen langen Bogen aus diesem Holz dabei.

366 a) ist richtig.

Die älteste Eibe Deutschlands steht im Allgäu in Balderschwang. Sie ist mindestens 800 Jahre alt, manche Baumexperten schätzen ihr Alter sogar auf 1 500 bis 4 000 Jahre. Der zweigeteilte Stamm der 7 m hohen Eibe hat einen Durchmesser von 2,6 m.

367 a) ist richtig.

Die Früchte der Esche sind geflügelte Nussfrüchte, die zu vielen in dichten Büscheln am Baum hängen.

368 b) ist richtig.

Eschen gehören in den ersten 15 Lebensjahren zu den schnellwüchsigen Bäumen, deren Triebe jährlich bis zu 1,5 m wachsen können.

369 b) ist richtig.

Mit den Römern gelangten die Esskastanienbäume ins gesamte Römische Reich, auch über die Alpen zu uns nach Mitteleuropa und nach England.

370 c) ist richtig.

Die hellgrünen, später bräunlichen Fruchthüllen der Maronen sind sehr stachelig.

371 a) ist richtig.

Die Nadelblätter der Lärche färben sich im Herbst wie Laubblätter goldgelb und fallen dann ab, sodass dieser Nadelbaum im Winter kahl ist.

372 b) ist richtig.

Das sehr harzreiche Lärchenholz hält der Witterung gut stand – darum wird es gern für Holzfassaden, Balkongeländer und Carports verwendet.

373 c) ist richtig.

In unseren Wäldern ist die Fichte die häufigste Baumart, weil sie dort von den Menschen als Holzlieferant so oft gepflanzt wurde.

374 a) ist richtig.

Die bis zu 15 cm langen Zapfen der Fichten hängen herab. Sie fallen als Ganzes vom Baum.

375 a) ist richtig.

Schon zur Zeit der Dinosaurier gab es Ginkgos. Diese Bäume wuchsen damals überall auf der Erde.

376 a) ist richtig.

Die gelblichen reifen Früchte riechen wegen ihres Gehalts an Buttersäure nach Käsefüßen.

377 b) ist richtig.

Die eiförmigen Blätter sehen wegen der tief liegenden Blattadern wie gefaltet aus.

378 c) ist richtig.

Die Nussfrüchte der Hainbuche besitzen eine sehr harte Schale, die nur von Finken mit kräftigem Schnabel wie dem Kernbeißer geöffnet werden können.

379 a) ist richtig.

Wegen des schlanken Wuchses, der zierlichen Äste mit zarten Blättern und der weißen Borke gilt die Birke als Symbol für den Frühling.

380 c) ist richtig.

Aus der Birkenrinde wurde Birkenpech hergestellt, ein wichtiger Alleskleber von der Steinzeit bis zum Mittelalter.

381 b) ist richtig.

Mit einem klaren, klebrigen Harz, das wie die zerriebenen Nadeln duftet.

382 b) ist richtig.

Harz. Man hat in Ostdeutschland noch bis vor kurzer Zeit die Wald-kiefer zur Harzgewinnung genutzt.

383 c) ist richtig.

In Nordamerika. Ursprünglich heimisch ist die Weymouth-Kiefer dort, wo du im Atlas die Großen Seen findest.

384 c) ist richtig.

Stumpf. Die Tanne hat eigentlich keine Spitze, sondern endet stumpf.

385 b) ist richtig.

Wasser und Nährstoffflüssigkeit. Die Blattadern sind sogenann-te Leitbündel des Blatts, in denen sich viele dünne Röhrchen befinden.

386 a) ist richtig.

Der Feldahorn hat die kleinsten Blätter. Sie sind meist weniger als 10 cm breit.

387 b) ist richtig.

Er schmeckt herb-sauer und ist so hart, dass man ihn auch „Holzapfel" nennt.

388 c) ist richtig.

Alle 5 bis 7 Jahre

389 b) ist richtig.

Von der Herbstfärbung ihrer Blätter

390 a) ist richtig.

Einzelne Eichen können bis zu 1 000 Jahre und noch älter werden.

391 b) ist richtig.

Die langen Blütenkätzchen sind die männlichen Blüten, in denen Pollen entsteht. Der Wind trägt sie zu den weiblichen Blüten.

392 b) ist richtig.

Schon früh im Jahr blüht die Haselnuss – im August/September wird die Nuss reif.

393 c) ist richtig.

Späne aus dem harzreichen Holz der Kiefern (Kienspäne) dienten im Mittelalter als Beleuchtung.

394 a) ist richtig.

Die schmackhaften Samen der Zirbelkiefern, die Zirbelnüsse, sind eine wichtige Nahrung für die Tannenhäher. Diese Vögel sind mit dem Eichelhäher verwandt.

395 b) ist richtig.

Lindenblätter sind herzförmig, auf der Unterseite sitzen in den Achseln der Blattadern kleine Haarbüschel.

396 c) ist richtig.

Lindenblüten ergeben einen schweißtreibenden Tee, der Erkältungen, Hustenreiz und Halsschmerzen lindert.

397 c) ist richtig.

Magnolienblüten werden nicht von Bienen, sondern von Käfern bestäubt. Dies liegt vielleicht daran, dass diese Sträucher schon vor dem Auftreten der ersten Bienen existierten.

398 a) ist richtig.

Die Heimat der heutigen Magnolien liegt in Ostasien und Amerika. Bis zur letzten Eiszeit waren Magnolien auch bei uns heimisch.

399 b) ist richtig.

Die watteähnlichen Samen der Pappeln, die im Frühling in riesigen Mengen gebildet werden, können bis zu 15 km weit fliegen.

400 a) ist richtig.

Die Blätter der Zitterpappel bewegen sich schon beim geringsten Windhauch.

401 b) ist richtig.

Die olivbraune bis rotbraune, recht glatte Rinde der Platane löst sich in größeren Platten ab.

402 c) ist richtig.

Die auffallenden Kugeln, die an langen Stielen an den Ästen hängen, bestehen aus borstig behaarten Nüsschen.

403 c) ist richtig.

Die ältesten Riesenmammutbäume wie etwa der einst 77 m hohe Baum mit Namen „Washington" sind über 2 800 Jahre alt.

404 c) ist richtig.

In Brusthöhe hat der Stamm des Riesenmammutbaums „General Sherman" einen Umfang von über 24 m, am Fuß sind es sogar über 31 m.

405 c) ist richtig.

Die Heimat der Robinien liegt in Nordamerika, im Jahr 1601 kamen die ersten Samen von dort nach Europa.

406 b) ist richtig.

Die nektarreichen Blüten werden gern von Bienen besucht. Der Honig, den sie daraus herstellen, wird als Akazienhonig angeboten.

407 b) ist richtig.

Das handförmige Laubblatt setzt sich aus fünf bis sieben Einzelblättchen, den sogenannten Fiederblättern, zusammen.

408 b) ist richtig.

Rosskastanien blühen im April/Mai, wenn sich die Laubblätter schon entfaltet haben.

409 a) ist richtig.

Die nussigen Früchte heißen Bucheckern. Eichhörnchen, Mäuse und Vögel mögen sie gern.

410 b) ist richtig.

Die meisten Holzspielzeuge sind aus dem harten Buchenholz hergestellt.

411 c) ist richtig.

Die Blätter der Grauerle sind eiförmig und haben eine Blattspitze.

412 b) ist richtig.

Von Insekten. Die Eberesche lockt durch ihren Duft und die auffälligen Blütenstände die Insekten an und lässt sich von ihnen bestäuben.

413 a) ist richtig.

Die Rinde riecht faul. Beim Zerreiben der Rinde nimmt man einen strengen Geruch wahr.

414 b) ist richtig.

Weidenruten sind sehr biegsam.

415 c) ist richtig.

Die männlichen Blütenkätzchen der Zitterpappel sind zehn Zentimeter lang.

416 c) ist richtig.

In Großbritannien. Dort ist die Stechpalme oder der Ilex im Weihnachtsbrauchtum so wichtig wie bei uns der Weihnachtsbaum.

417 c) ist richtig.

Traubenkirschen können bis zu 15 m hoch werden.

418 c) ist richtig.

Der Fuchs. Füchse sind u. a. auch Kirschenfresser. Das verrät oft mit Kirschkernen durchsetzter Fuchskot.

419 b) ist richtig.

Wenn die Samen des Buchsbaums zu Boden fallen, verströmt die Samendrüse einen für Ameisen verlockenden Duft. Die Tiere nehmen die Samen dann mit. Da sie nur die Samendrüse fressen, bleibt das Samenkorn erhalten und kann zu einem neuen Buchsbaum werden.

420 a) ist richtig.

Ab Mai schmücken die stark riechenden, weißen Blüten den Strauch des Roten Hartriegels.

421 b) ist richtig.

Da die sauren Sanddornfrüchte fünfmal mehr Vitamin C enthalten als Zitronen, werden sie auch Zitronen des Nordens genannt.

422 b) ist richtig.

Sanddorn verträgt salzigen Boden – daher macht ihm das winterliche Streusalz nichts aus.

423 b) ist richtig.

Die Menschen glaubten, der Schwarze Holunder sei heilig und schütze das Haus vor bösen Geistern, Unglück und Tod.

424 a) ist richtig.

Rohe Holunderbeeren sind leicht giftig und können nach dem Verzehr sogar Erbrechen auslösen.

425 a) ist richtig.

Früher wurde aus der Borke ein Sud hergestellt, in dem Stoffe grauschwarz gefärbt wurden.

426 c) ist richtig.

Die zapfenähnlichen Früchte der Erle sind holzig, sie bleiben oft über den Winter am Baum hängen.

427 c) ist richtig.

Bienen und Hummeln bestäuben die nektarreichen Blüten der Ahornbäume.

428 a) ist richtig.

Die typischen geflügelten Früchte sind Nussfrüchte. Wenn sie reif sind, fallen sie drehend zu Boden.

429 c) ist richtig.

Erst im Alter von rund 60 Jahren beginnen Eichen zu blühen – erst dann können sie Eichelfrüchte bilden.

430 b) ist richtig.

Unter jedem Haus Venedigs bilden unzählige Eichenstämme einen stabilen Baugrund auf dem schlammigen Meeresboden der Lagune.

431 b) ist richtig.

Ulmen liefern gutes Holz, das Rüster heißt. Daraus werden Möbel, Furniere und Parkett gefertigt.

432 a) ist richtig.

Der Wind verbreitet die geflügelten Nussfrüchte; starke Winde tragen sie weit fort.

433 c) ist richtig.

Die Vogelbeere heißt auch Eberesche, in manchen Gegenden wird sie auch Drosselbeere oder Krametsbeere genannt.

434 a) ist richtig.

Die weißen Blüten stehen zu vielen in flachen Schirmrispen beisammen.

435 a) ist richtig.

Die grüne Samenschale ist glatt. Sie platzt im Herbst auf und entlässt die typische Walnuss.

436 b) ist richtig.

Beim Schälen von unreifen Walnüssen werden die Hände braun gefärbt. Mit den Schalen kann man auch Haare und Holz färben.

437 c) ist richtig.

Da die Weide im zeitigen Frühjahr blüht, liefert sie Hummeln wichtige Nektar- und Pollennahrung.

438 b) ist richtig.

Da in Weidenrinde Salicin enthalten ist, haben die Menschen schon vor 2 000 Jahren daraus Schmerzmittel gewonnen.

439 a) ist richtig.

Mit Wuchshöhen von bis zu 70 m gehört die Weißtanne zu den höchsten heimischen Bäumen.

440 c) ist richtig.

Die Tannenzapfen stehen wie Kerzen am Baum. Sie lösen sich am Baum auf, bis nur noch die dünne innere Spindel am Ast stehen bleibt.

441 c) ist richtig.

Das Holz des Faulbaums war früher sehr begehrt, da man aus der Holzkohle Schießpulver herstellen konnte. Daher nennt man den Faulbaum auch Pulverbaum.

442 a) ist richtig.

Der Name „Syringia" stammt aus dem Griechischen und bedeutet Pfeife. Aus dem Holz des Flieders haben sich früher Schäfer Flöten geschnitzt.

443 c) ist richtig.

Mit dem Nektar an den Blättern werden vor allem Ameisen angelockt. So schützt sich die Pflanze vor schädlichen Insekten, denn die Ameisen vertreiben oder vertilgen die Blätter fressenden Raupen und Käfer.

444 a) ist richtig.

Quitten sind roh eigentlich ungenießbar. Das Fruchtfleisch ist hart und die Frucht schmeckt bitter. Kocht man die Quitte, wird sie weich und lässt sich zu Marmelade oder Saft verarbeiten.

445 b) ist richtig.

20 bis 30 m. Der Bergahorn mag kühle und feuchte Luft und wächst vor allem in den Mittelgebirgen und in den Alpen fast bis zur Baumgrenze.

446 a) ist richtig.

Wegen seiner beeindruckenden Herbstfärbung wurde der Baum schon vor 400 Jahren aus Nordamerika eingeführt.

447 c) ist richtig.

Im Herbst hängen die kleinen, runden blauen Schlehenfrüchte am Busch. Aber erst nach dem ersten Frost sind sie essbar und nicht mehr so bitter.

448 b) ist richtig.

Die Winterlinde kann über 1 000 Jahre alt werden und bis zu 30 m hoch.

449 a) ist richtig.

Das Pfaffenhütchen wird auch Spindelstrauch genannt. Früher wurden aus seinem Holz Spindeln zum Garnspinnen oder auch Stricknadeln gemacht.

450 c) ist richtig.

Pro Jahr kann der Chinesische Götterbaum bis zu 3 m wachsen. Insgesamt kann der Baum bis zu 39 m groß werden.

BILDNACHWEIS